Delitos cumulativos
e a tutela ambiental

Conselho Editorial
André Luís Callegari
Carlos Alberto Molinaro
César Landa Arroyo
Daniel Francisco Mitidiero
Darci Guimarães Ribeiro
Draiton Gonzaga de Souza
Elaine Harzheim Macedo
Eugênio Facchini Neto
Giovani Agostini Saavedra
Ingo Wolfgang Sarlet
José Antonio Montilla Martos
Jose Luiz Bolzan de Morais
José Maria Porras Ramirez
José Maria Rosa Tesheiner
Leandro Paulsen
Lenio Luiz Streck
Miguel Àngel Presno Linera
Paulo Antônio Caliendo Velloso da Silveira
Paulo Mota Pinto

Dados Internacionais de Catalogação na Publicação (CIP)

H313d   Harris, Sérgio Hiane.
        Delitos cumulativos e a tutela ambiental / Sérgio Hiane Harris. – Porto Alegre : Livraria do Advogado Editora, 2016.
        110 p. ; 23 cm.
        Inclui bibliografia.
        ISBN 978-85-69538-54-7

        1. Direito penal. 2. Tutela ambiental. 3. Legitimidade (Direito). 4. Crime contra o meio ambiente. 5. Delitos cumulativos. I. Título.

                                      CDU 346.9:343.2
                                      CDD 345.0245

Índice para catálogo sistemático:
1. Direito penal : Direito ambiental   346.9:343.2

(Bibliotecária responsável: Sabrina Leal Araujo – CRB 10/1507)

SÉRGIO HIANE HARRIS

Delitos cumulativos
e a tutela ambiental

livraria
DO ADVOGADO
editora

Porto Alegre, 2016

© Sérgio Hiane Harris, 2016

Capa, projeto gráfico e diagramação
Livraria do Advogado Editora

Revisão
Betina D. Szabo

Direitos desta edição reservados por
Livraria do Advogado Editora Ltda.
Rua Riachuelo, 1300
90010-273 Porto Alegre RS
Fone: 0800-51-7522
editora@livrariadoadvogado.com.br
www.doadvogado.com.br

Impresso no Brasil / Printed in Brazil

À orientadora desta dissertação, Professora Têmis Limberger, pela maneira amiga e sábia com que conduziu a pesquisa, concedendo liberdade para escolher o *meu tema* e para discorrer sobre *minhas ideias*, sem perder, contudo, nem por um segundo, a segurança e o rumo das correções que foram fundamentais à organização do pensamento e ao desenvolvimento do estudo.

Ao Ministério Público do Estado do Rio Grande do Sul – Instituição a qual orgulhosamente pertenço – pelo incentivo ao constante aprimoramento.

À minha esposa Andreia, sintonia pura, mola propulsora de todas as minhas potencialidades.

Aos meus filhos, Vitório e Lucca, meus presentes divinos.

"Nossa vida é influenciada por campos quânticos de infinitas possibilidades. Nossa consciência tem que ficar esperta para perceber os sinais, os momentos de conexão, e colapsar, isto é, materializar o melhor".

Perseguindo o Dry Bones...
(LIMA, Moacir Costa de Araújo. *Afinal, quem somos?* Porto Alegre: AGE, 2007. p. 52)

Prefácio

O livro "Delitos cumulativos e a tutela ambiental", que Sérgio Harris nos apresenta, enfrenta o dilema da dissintonia entre a atual sociedade de risco e os delitos cumulativos, que recebem uma sanção penal estatuída, sob a ótica iluminista.

Trata-se de prefácio que tenho a honra de escrever, fruto de orientação que fiz, junto ao programa de pós-graduação em Direito da Unisinos (PPG com nota máxima CAPES, por dois triênios consecutivos). A banca de mestrado foi composta pelos professores Fábio D'Ávila e André Callegari, tendo obtido grau máximo.

A preocupação com o meio ambiente é a pauta mais atual por sua transcendência intergeracional. A perspectiva de que o ser humano está no planeta Terra na breve passagem de sua vida. Entretanto, antes de nós já existiram não só civilizações humanas, mas toda uma riqueza de fauna e flora. E, posteriormente, à vida de cada um de nós, espera-se que inúmeras outras pessoas e seres vivos continuem a viver no planeta.

Nesse contexto, qual a tutela jurídica que se pode conferir à ação de um poluidor, cujo resultado individual não causa prejuízo, mas no conjunto de outras ações da mesma monta, pode causar dano ambiental irreversível?

O direito, que está presente na legislação brasileira e de outros países, foi concebido, majoritariamente, ainda sob a ótica iluminista. No período liberal, visava-se à perspectiva individual. A partir de 1970, começa-se a viver a denominada sociedade de massa, na qual os conflitos adquirem a órbita coletiva.

Chega-se ao século XXI com a presença de situações globalizadas, impensadas no direito cunhado, a partir do final do século XVIII, com o marco trazido pela Revolução Francesa. Assim, vive-se o paradoxo de condutas que não se enquadram no direito cunhado, sob a ótica iluminista.

Diante disso, Sérgio Harris apresenta esse descompasso legislativo para fazer frente a condutas lesivas ao meio ambiente e a urgência de se conferir novas tutelas, não somente a partir do Direito Penal, mas do poder administrativo sancionador, das normas de premiação – que valoram as condutas positivas e não só punem as negativas – apresentadas por Norberto Bobbio. Enfim, novas possibilidades se descortinam neste livro. É necessário assegurar não somente a sustentabilidade no tempo presente, mas o direito ao futuro como já foi preconizado por Juarez Freitas (*Sustentabilidade*: direito ao futuro, Ed. Fórum).

A tutela ambiental é hoje uma pauta que inquieta a todos os povos. Por isso, já foi questionado pelo jusfilósofo Antônio-Enrique Pérez Luño: o constitucionalismo ambiental é uma garantia simbólica? (*Perspectivas e tendências atuais do Estado Constitucional*, Livraria do Advogado, 2012, p. 57).

Assim, Harris, na presente obra, se propõe a construir uma resposta a essa questão, a partir dessa pesquisa associada a sua atuação profissional como promotor de justiça (MP/RS). Por isso, o livro é de leitura imprescindível não só aos acadêmicos, mas a todos atores e operadores jurídicos.

Boa leitura a todos(as)!

Canela, inverno de 2016.

Têmis Limberger
Professora junto ao PPG em Direito Unisinos
Procuradora de Justiça MP/RS

Sumário

1. Introdução 13

2. O contexto atual do Direito Penal em uma sociedade globalizada de risco 19

   2.1. O caminhar se faz caminhando: a valorização do tempo presente 19

      2.1.1. Os riscos da atual sociedade globalizada 23

      2.1.2. A globalização e seus efeitos ambientais 31

   2.2. Em busca de um Direito Penal adequado frente aos novos riscos civilizatórios 35

      2.2.1. Juspositivismo, jusnaturalismo e direito positivo: breve contexto histórico 36

      2.2.2. O constitucionalismo contemporâneo como forma de limitação formal à produção do Direito Penal 46

      2.2.3. O bem jurídico-penal como forma de limitação material à produção do Direito Penal 51

3. A tutela ambiental como uma finalidade fundamental dos estados constitucionais 59

   3.1. Delitos cumulativos: sua (des)importância 59

      3.1.1. Constitucionalismo ambiental: é preciso chegar antes 77

      3.1.2. Direito Penal expansivo? 87

   3.2. Sanções jurídicas (in)eficazes 93

      3.2.1. Sanções jurídico-administrativas 94

      3.2.2. Condutas não punitivas e incentivadoras de boas práticas 97

4. Considerações finais 101

Referências 107

1. Introdução

Com o desenvolvimento da sociedade globalizada de risco, o natural e consequente aparecimento de novas demandas para o Direito – e para o Direito Penal, em particular – reconduz o pensamento jurídico a um tema que nunca deixou de ser pauta na evolução da própria ciência penalista, a saber, qual o limite legítimo da intervenção estatal criminalizadora na liberdade individual do cidadão? Historicamente calcado nos pilares do Iluminismo, o Direito Penal naturalmente se deparou com dificuldades diante dos novos tempos, além de se atrelar orgulhosamente à proteção das garantias individuais e à liberdade do cidadão dentro da concepção do Estado Democrático de Direito. Ademais, com os avanços das décadas decorridas, considerado ainda como última *ratio*, a busca de proteção para os bens coletivos pelo Direito Penal, especialmente o meio ambiente, que são considerados a cada dia mais fundamentais para a própria sobrevivência da humanidade – e cada vez mais escassos devido à exploração desenfreada da sociedade globalizada e consumista –, encontra dificuldades e resistências de toda a ordem.

O temor de que se volte apenas contra as classes (quase) sempre destinatárias da força da lei penal aliado à imagem ainda consolidada de que o (único) inimigo dos direitos e das garantias fundamentais é o Estado cria um arcabouço impeditivo de avanços na matéria, principalmente quando se precisa fugir dos moldes estruturais pelos quais o Direito Penal vem sendo tratado por penalistas, ao longo de sua evolução. Em melhores palavras, sabe-se muito bem como a teoria geral do delito responde ao proteger os bens jurídicos de caráter individual e os eventuais crimes de dano consequentes de ações de indivíduo contra indivíduo – como é o caso da violação dos bens jurídicos *vida, patrimônio* e *dignidade sexual*.

Contudo, não se conta ainda com desenvolvimento histórico seguro e técnico para a proteção de bens coletivos – como a água, o ar e os oceanos – ainda mais quando as ações não podem ser individualizadas com a mera aplicação dos conceitos tradicionais, e tampouco se pode esperar o dano ao bem jurídico para a resposta estatal. Nessa teia, a circunstância se torna complexa, ainda em termos de política criminal, quando é inegável uma mudança (ou uma evolução?) significativa das características das sociedades atuais e do próprio conceito de Estado e de território. A primeira porque passou a ser globalizada com a nova concepção de que um desastre ambiental, por exemplo, tem potencialidade para envolver a vida humana – presente e futura – em todo o planeta. Em seguida, pois, ao longo dos últimos anos, a força do Estado vem perdendo espaço para a *lei do mercado* que, muitas vezes, ultrapassa as fronteiras dos territórios demarcados e impõe as suas próprias regras, nem sempre estruturadas em um desenvolvimento sustentável ambiental. Ao contrário, os pilares de tais interesses estão enquadrados na concretização do lucro e do abastecimento de uma sociedade de consumo.

Por outro lado, o progresso tecnológico, além de brindar a sociedade com diversos avanços no campo do bem-estar individual e social, também cria *necessidades* a serem compradas no mercado, embutindo efeitos colaterais não desejáveis – ou previstos – considerando-se que o risco de desastre global deixou de ser mera especulação para se tornar uma possibilidade concreta de ocorrência, como é o caso da mera conduta perigosa ou de um descuido em uma questão que envolva as usinas nucleares, por exemplo. Ou seja, a conduta humana desprovida de ofensividade a qualquer bem jurídico, ainda no campo da classificação de um perigo abstrato, se tomada como regra em uma usina nuclear, pode no campo probabilístico ter o condão de destruir a vida dos seres humanos no planeta ou, se quiser ser menos alarmista, um sistema ecológico inteiro.

Dito em outros termos, a sociedade de risco fomentou o debate acerca da ideia de um Direito Penal do Risco, o que fortalece a tendência de alteração (ou de aprimoramento?) no modo de se entender o Direito Penal e de agir de acordo com ele, numa mudança que resulta da própria sociedade e que se apresenta de forma estrutural e irreversível. Dentro desse (novo) contexto é que se perquire, ao longo deste trabalho, a possibilidade de se tratar penalmente os delitos cumulativos que partem da ideia de prevenção antecipada do bem jurídico denominado como *meio ambiente*, baseando-se na premissa de perigo/lesão de que todos optam pela mesma conduta, mesmo que isso isoladamente não atinja o bem jurídico, em virtude de sua *inofensividade* material.

Em outras palavras, a utilização do Direito Penal para penalizar determinadas condutas que isoladamente não causam uma lesão ou perigo ao bem jurídico, mas que, pela lógica do grande número, se praticada por muitas pessoas, possuem a potencialidade de causar um desastre na área ambiental se mostra como um processo indevido de expansão do Direito Penal, fugindo de sua missão precípua de última *ratio* e sua tradicional atuação de reagir depois da infração ser praticada – o que significa, em derradeira análise, a preferência pelos delitos que causam dano e a contestação sistemática dos critérios e dos delitos enquadrados na esfera de perigo abstrato ou concreto –, ou, ao contrário, é preciso uma adequação da ciência penal aos novos tempos com suas novas demandas, seus novos riscos, e a potencialização do perigo que envolve determinados bens coletivos na era pós-moderna, ou, como queiram, para não antecipar demasiadamente o debate em um ponto não crucial, na última fase ou nas consequências da modernidade.

A importância prática da discussão acerca do tema sintetiza a estratégica para os próprios rumos da proteção ambiental. A evolução da sociedade desenvolveu, paralelamente, a consciência diferenciada sobre a importância do meio ambiente equilibrado para a vida saudável no planeta e a continuidade da espécie humana. Os delitos cumulativos, se abrangidos pela seara penal, visam justamente à proteção, e partem da ideia – supracitada, ainda que brevemente – de que, no campo ambiental, a reparação sempre chega tarde, e o que se precisa são medidas preventivas para evitar justamente o dano. Por conseguinte, nos dias atuais, em que pese ainda aceso o debate acerca do ponto exato do que seja um desenvolvimento sustentável, não há mais dúvidas sérias no que diz respeito à necessidade de se proteger o meio ambiente de sua inconsequente exploração e violação.

Todavia, ainda não se tem a exata medida de quais mecanismos devem ser utilizados pelo Estado para atingir dito objetivo, que é – ou deveria ser, em verdade – de toda a humanidade. Nesse ponto é que se enquadra a pertinência que se pretende empregar nesta pesquisa, quando objetiva perquirir se os chamados delitos cumulativos têm a legitimidade necessária para se tornar uma forma de atuação estatal contra a degradação ambiental, em suas diferentes formas. Em caso negativo, deseja-se investigar se há alternativas para o problema suscitado, ou verificar se os métodos tradicionais aplicados à ciência criminal respondem bem à (nova) demanda, numa tarefa – que pode parecer simples, inicialmente – que se reveste de dificuldades, se bem presentes à premissa (que se considera imprescindível) de que é preciso conjugar a necessidade de avanços do Direito Penal com o respeito aos direitos humanos fundamentais, uma vez que o retrocesso constitucional é inadmissível.

Em linhas gerais, especificam-se aqui os pontos de partida para esta dissertação, a partir dos quais – e mais do que isso, à sua luz – pretende-se traçar as linhas subsequentes, descrevendo a sociedade atual e suas características para demonstrar que a evolução dos tempos trouxe à baila fatores inexistentes na época em que o Direito Penal foi concebido em sua base iluminista, o que justifica, por si só, a reflexão sobre como se está procedendo nesse ramo da ciência. Isso porque a concepção de sociedade de risco carrega incertezas para o campo da ciência que, coligadas a um necessário estado de globalização, criam uma esfera de possibilidade de catástrofe ambiental, com a potencialidade de atingir o globo inteiro ou, no mínimo, em se tratando de meio ambiente, de gerar estragos irreversíveis. A cruel realidade que se descortina deve ser pensada pelo Direito Penal, segundo se entende, ao menos para proteger de violação aquilo que a área jurídica tem condições de oferecer de positivo à preservação do meio ambiente.

Portanto, pesquisa-se, mesmo que sucintamente, sobre os limites da produção e da aplicação do Direito, para que as conclusões estejam acompanhadas do que seja uma previsão legítima da atuação penal, o que não poderia ser feito sem se levar em conta as restrições naturais da produção legislativa em um Estado Democrático de Direito. Cumpre mencionar que dita circunstância implica, em um segundo momento, o exame do conceito de bem jurídico, mesmo que não haja consenso em torno de sua perspectiva, como fator limitador da aplicação do Direito Penal. Antecipando-se uma conclusão para (tentar) deixar as perspectivas mais claras desde o início da pesquisa, insta verificar a ofensividade ao bem jurídico para se aplicar o Direito Penal ao caso concreto. Somente após esse embasamento teórico é que se retorna ao tema central da pesquisa – qual seja, os delitos cumulativos – pretendendo desvendar a sua (im)possibilidade para a proteção ambiental no campo penal e verificando o real significado da garantia constitucional a um meio ambiente equilibrado, para que não se torne apenas uma proteção simbólica. E assim se faz, avançando na possibilidade legítima de se criminalizar os delitos de perigo, desde que apresentem ofensividade ao bem jurídico. Os critérios apurados serão confrontados com a hipótese central da presente pesquisa, ou seja, se os delitos por acumulação apresentam as exigências necessárias para se permitir os seus enquadramentos pelo Direito Penal.

Cumprida a tarefa, já que o trato pelo Direito Penal não é o único possível, traçam-se algumas linhas de incursão na área do Direito Administrativo – especialmente, o sancionador – visto que, seja na forma autônoma, seja na forma de complemento/reforço, é pertinente averiguar a possibilidade de contribuição dessa área jurídica quanto ao objetivo secundário da presente pesquisa, que é o de contribuir para a melhor proteção possível e constitucionalmente válida ao meio ambiente, como forma de proteger, em última análise, a própria sobrevivência da espécie humana.

Logo, diante do desafio que se lança, torna-se imperiosa a necessidade de investigação da efetividade do Direito e da aplicabilidade das normas a partir da revisitação dos conceitos predominantes da doutrina, com base no estudo constitucional e em seus vínculos com o direito material, através do debate crítico situado, como pano de fundo, na sociedade atual, que se revela complexa, global e repleta de incertezas.

2. O contexto atual do Direito Penal em uma sociedade globalizada de risco

A transformação da sociedade coloca o indivíduo diante de novas realidades e, com isso, surgem novos bens jurídico-penais – alguns dos quais já se tornando escassos e potencializando geometricamente o seu valor para a humanidade. Assim, a situação em xeque pode ser analisada com facilidade quando se detecta a atenção hoje direcionada ao meio ambiente, ou ainda, o incremento de valor dado a realidades que sempre existiram – no entanto, sem que a elas se atribuísse muito significado, como é o caso do patrimônio histórico-artístico.[1]

A realidade em que se vive hodiernamente é diferente da concebida na evolução da ciência do Direito Penal, o que inegavelmente aumentou a complexidade das relações sociais e oportunizou a abertura de novos *espaços de interesse jurídico-penal*, fomentando o que parece não ser adequado ao ser tutelado pelos instrumentos desenvolvidos pela ciência do Direito Penal até o momento. Em outras palavras, "ao aumento da complexidade, seguem novos problemas que, não raramente, denotam o esgotamento explicativo de critérios jurídicos tradicionais", o que requer novas pesquisas que proporcionem o necessário aprimoramento dos institutos penais.[2]

2.1. O caminhar se faz caminhando: a valorização do tempo presente

É instintiva e lógica a conclusão de que o aparecimento de uma sociedade de risco torna a vida humana mais vulnerável a pe-

---

[1] SÁNCHEZ, Jesús-Maria Silva. *A expansão do Direito Penal*. Trad. Luiz Otavio de Oliveira Rocha. 2. ed. São Paulo: Revista dos Tribunais, 2002. p. 27.
[2] D'ÁVILA, Fábio Roberto. *Ofensividade em Direito Penal*: escritos sobre a teoria do crime como ofensa a bens jurídicos. Porto Alegre: Livraria do Advogado, 2009. p. 16.

rigos até então desconhecidos, e com a consciência atual de que essas ameaças escapam ao controle da capacidade humana porque as suas consequências não são previsíveis, é inevitável a busca pelo Direito Penal para produzir novas respostas ou, ao menos, para se voltar a enfrentar e a discutir os seus (velhos/atuais) dilemas.[3] Resta ainda ponderar que dita circunstância demanda o acompanhamento, por parte do Direito Penal, das profundas mudanças ocorridas na sociedade, que transborda num sentimento de estabilidade e de avanço programado tecnológico para o campo da imprecisão e das prognoses, além da redescoberta de seu novo papel na atualidade, que se confronta com os seus elementos fundamentais. Destarte, com o aporte dos princípios liberais do Iluminismo, configura-se uma ciência pensada para a sociedade profundamente diversa da que hoje se vivencia, e o redimensionamento de seu papel/função o leva à perplexidade diante do novo.[4]

Portanto, são previsíveis as inúmeras dificuldades que se apresentam quando a evolução da sociedade e do próprio Estado impõe desafios novos ao Direito Penal, haja vista que as características dos temas a serem enfrentados são inovadoras, e o seu enraizamento em conceitos seculares e históricos acerca do que deva ser a missão da intervenção estatal na seara penal constroe um arcabouço de resistência que rejeita as modificações necessárias para enfrentar o novo risco, pregando o afastamento do Direito Penal em atuar nas áreas forjadas em prol de instâncias administrativas ou, até mesmo, a divisão em duas velocidades.[5]

Isso posto, surge uma questão que importa ser pontuada desde o início da presente pesquisa, por ser básica para o desenvolvimento das demais premissas, ideias e conclusões. As novas demandas que inegavelmente se formaram pelo desenvolvimento dos riscos da sociedade não precisam necessariamente ser atendidas pelo Direito Penal, mas simplesmente refutar a intervenção dessa área do conhecimento sem entender o que significam as novas realidades e as consequências que se desvelam para a sociedade como um todo e para o meio ambiente, não parece (a melhor) solução plausível. Isso porque, diante da sociedade de risco que se revela com a globalização e compartilha condutas e perigos para o presente e o futuro, há

---

[3] CALLEGARI, André Luís; ANDRADE, Roberta Lofrano. Sociedade do risco e Direito Penal. In: Callegari, André Luís (Org.). *Direito Penal e globalização*: sociedade do risco, imigração irregular e justiça restaurativa. Porto Alegre: Livraria do Advogado, 2011. p. 21.

[4] D'ÁVILA, Fábio Roberto. *Ofensividade e crimes omissivos próprios* (contributo à compreensão do crime como ofensa ao bem jurídico). Coimbra: Coimbra Editora, 2005. p. 30-31.

[5] Ibid., p. 33.

de se debater a necessidade de tutela penal dos novos riscos, o que não demanda o desvinculamento absoluto do Direito Penal aos seus princípios fundamentais, mas sim o aprimoramento de categorias.[6]

Dito de outro modo, o Direito Penal deve necessariamente ocupar um espaço na conjuntura da sociedade atual que agrega riscos de grande magnitude até para a proteção das gerações futuras que, mesmo representando uma questão complexa e que se depara com vários problemas teóricos para ocupar o centro da justificação para a intervenção penal, não está desligada totalmente do chamado fundamental que atenta para a continuidade da existência do próprio homem.[7] Por outro lado, é evidente que a ocupação dessas lacunas somente poderá ocorrer mediante a convicção da legitimidade de atuação do Direito Penal. Em palavras simples, não adianta resolver um problema (regulação penal de condutas perigosas) e criar outro (inobservância das regras democráticas e desprezo da evolução da ciência penal, cujo arcabouço histórico de proteção individual simboliza um patrimônio intelectual e jurídico que deve ser respeitado).

Contudo, cabe que a ciência jurídico-penal esteja atenta à consciência de que a globalidade busca a circunstância de que, doravante, nada será algo espacialmente isolado; pelo contrário, "todas as descobertas, triunfos e catástrofes afetam a todo o planeta, e que devemos redirecionar e reorganizar nossas vidas e nossas ações em torno do eixo 'global-local'".[8] Assim, em um tempo em que assumir um posicionamento acarreta o risco de ser desmentido por fatos e por argumentos no dia seguinte, Bauman claramente se responsabiliza e explicita a sua convicção em duas afirmações que considera irrefutáveis, em que (i) a primeira assevera que o futuro é impreciso, e que, de forma irreversível, pela multiplicação de conexões no planeta, o que ocorre na Malásia – quer alguém se importe ou não – ganha tremenda importância na perspectiva de vida dos jovens de São Paulo, saibam eles ou não; (ii) a segunda afirma que, após trezentos anos de história moderna, quando a humanidade resolveu assumir a gestão ambiental para que a natureza obedecesse às necessidades humanas, o resultado do sucesso aliado ao desenvolvimento da tecnologia moderna e conjugado com a nossa capacidade

---

[6] D'ÁVILA, Fábio Roberto. *Ofensividade e crimes omissivos próprios* (contributo à compreensão do crime como ofensa ao bem jurídico). Coimbra: Coimbra Editora, 2005. p. 34-35.

[7] Ibid., p. 34.

[8] BECK, Ulrich. *O que é globalização*: equívocos do globalismo: respostas à globalização. São Paulo: Paz e Terra, 1999. p. 31.

"de produzir cada vez mais, (e) alcançar todos os tipos de recursos naturais do planeta" fica muito perto do que agora se entende como o limite de suportabilidade da exploração ambiental.[9]

Precisa-se então ampliar o espectro de enfrentamento, já que não somente as grandes ações humanas colocam em ameaça a vida no planeta. Por exemplo, a acumulação de diversas condutas com efeitos nocivos para a ordem social e ambiental, pela lógica do grande número, pode gerar catástrofes que ultrapassam o limiar de dano global, com origem na ideia de que "muitos dos novos riscos que ameaçam a existência humana provêm da soma de múltiplas acções individuais, aparentemente normais e inócuas".[10] Desse modo, o Direito Penal pode configurar um meio estatal de regulação de condutas que foram desveladas e amadurecidas pela sociedade que surgiu, mas numa operação que não é simples, tendo em vista que (i) primeiramente, há de se depreender a sociedade de risco a que se está submetido e englobado; (ii) posteriormente, deve-se entrelaçar esses riscos com um mundo cada vez mais globalizado; e (iii) por fim, compreender que pequenas condutas, se acumuladas pela lógica do grande número, têm potencialidade para promover grandes catástrofes.

Não se pode mesmo esperar da própria ciência que alimenta os avanços tecnológicos o freio necessário para estancar o progresso ao reverso a que se está submetido, pois, além da cegueira econômica frente ao risco, Beck salienta que a maneira com que as ciências estão constituídas – separadas em departamento e sem visão global do todo – não tem a aptidão, tampouco a vontade de reagir adequadamente aos novos riscos civilizatórios, uma vez que o foco se concentra em sua própria criação e expansão. Ademais, as ciências se tornaram em "parte com a boa consciência da *pura cientificidade*, em parte com peso na consciência", as madrinhas legitimatórias "da poluição e da contaminação industrial em escala mundial do ar, da água, dos alimentos",[11] e consequentemente, as responsáveis pela morte generalizada de plantas, de animais e de seres humanos. Logo, em atenção ao foco do estudo voltado à categoria dos delitos

---

[9] BAUMAN, Zygmunt. *Diálogos*. Londres, 25 jul. 2011. Entrevista concedida ao Programa Fronteiras do Pensamento. Disponível em: <www.youtube.com/watch?v=POZcBNo-D4A>. Acesso em: 25 jun. 2014.

[10] DIAS, Augusto Silva. *What if everybody did it ?* sobre a (in)capacidade de ressonância do Direito Penal à figura da acumulação. *Revista Portuguesa de Ciências Criminais*. Coimbra, ano 13, n. 3, p. 305-306, jul./set. 2003.

[11] BECK, Ulrich. *Sociedade de risco*: rumo a uma outra modernidade. Trad. Sebastião Nascimento. São Paulo: Editora 34, 2013. p. 71.

cumulativos como forma de proteção (i)legítima ao meio ambiente dentro do contexto das características atuais do desenvolvimento da humanidade, se faz necessário caminhar para entender os riscos da sociedade globalizada, nesta parte inicial da pesquisa.

2.1.1. Os riscos da atual sociedade globalizada

Na modernidade, o valor atribuído à racionalidade, em substituição aos deuses e às leis da natureza, conjugado à crença na evolução cada vez maior da espécie humana – no sentido de que as sociedades guiadas pelo mito do progresso seriam mais eficientes e operacionais – reconhecia a fé no futuro como um de seus dogmas.[12] O homem moderno não se sentia mais parte da natureza – e sim, senhor dela – dentro de um mundo em que tudo estava em seu lugar e se explicava pelas leis das ciências exatas, trazendo como consequência a dominação da técnica pelo ser humano.[13] Conscientiza-se então de sua própria capacidade de dominar e de controlar a natureza, alinhando-se à organização racional da sociedade.[14]

O modelo de racionalidade dominante, global e totalitário que preside a revolução científica no século XVI – e desenvolvido nos séculos subsequentes – busca na matemática um instrumento privilegiado de análise e de lógica de investigação, negando o "carácter racional a todas as formas de conhecimento que se não pautarem pelos seus princípios epistemológicos e pelas suas regras metodológicas".[15]

Baseando-se na teoria heliocêntrica do movimento e da órbita dos planetas de Copérnico e Klepler, contando com as contribuições de Galileu sobre a gravidade e com a teoria da ordem cósmica de Newton, com o pano de fundo filosófico da consciência que emprestam Bacon e Descartes, a busca por uma só forma de conhecimento verdadeiro rompe com o paradigma aristotélico e medieval e se fundamenta em uma nova forma de ver o mundo e a vida, separando totalmente o ser humano da natureza – a qual é passiva, eterna e reversível – podendo ser decifrados os seus movimentos

---

[12] CHEVALLIER, Jacques. O Estado pós-moderno. Trad. Marçal Justen Filho. Belo Horizonte: Fórum, 2009. p. 17.
[13] GUARDINI, Romano. O fim da idade moderna: em procura de uma orientação. Trad. M.S. Lourenço. Lisboa: Edições 70, 2000. p. 40-52.
[14] BAUMER, Franklin. O pensamento europeu moderno. Trad. Manuela Alberty e Artur Morão. São Paulo: Hemus, 1983. v. 1, p. 47-67.
[15] SANTOS, Boaventura de Souza. Um discurso sobre as ciências. 13. ed. Porto: Afrontamento, 1987. p. 10-14.

mecânicos para relacioná-los, em forma de leis, cujo desvendamento e domínio ficam sob o jugo do homem, a partir da observação rigorosa dos fenômenos naturais.[16]

Ocorre que, no século XIX, a modernização dissolveu a ultrapassada sociedade agrária, construindo a sociedade industrial. Também o progresso e o desenvolvimento que se seguiram, por meio do domínio racional da técnica, carregaram consigo reflexos previstos e não previstos, dilacerando, em seguida, a própria sociedade industrial substitutiva da sociedade agrária. Oportunizaram ainda o surgimento de uma nova configuração social,[17] visto que o modelo social desenvolvido após a Revolução Industrial se caracterizou como sociedade de risco, em que o inegável avanço tecnológico trouxe diversos benefícios à humanidade e, por outro lado, incrementou os riscos a que atualmente se está submetido[18] – diga-se de passagem, proveniente da própria conduta humana.

De certa forma, se eleva a consciência de que a moeda apresenta duas faces: uma delas mostra todos os avanços tecnológicos e as inegáveis vantagens para a melhora das condições de vida das pessoas. Por conseguinte, nunca se teve tanta tecnologia ao alcance das mãos; nunca se pôde viajar tanto, e de modo tão seguro como agora; nunca houve tantas opções de lazer – para quem pode pagar, é claro – como o atual mundo oferece. Mas, por outro lado, o próprio dinamismo da evolução ocasiona outra lógica – incontrolável – que é a dos riscos, muitas vezes, irreversíveis, que afetam a coletividade, como são os casos das catástrofes naturais, da contaminação ambiental e das fraudes aos consumidores.[19]

Giddens lembra que todos os fundadores clássicos da sociologia vislumbravam a modernidade como o lado da oportunidade. Marx e Durkheim, que acreditavam em uma era moderna turbulenta, por razões diversas, confiavam que as possibilidades benéficas abertas pela época moderna superariam os eventuais efeitos negativos. Mesmo Weber – que era o mais pessimista entre os três sociólogos – via "o mundo moderno como um mundo paradoxal onde o progresso material era obtido apenas à custa de uma expansão

---

[16] SANTOS, Boaventura de Souza. *Um discurso sobre as ciências*. 13. ed. Porto: Afrontamento, 1987. p. 12-14.

[17] BECK, Ulrich. *Sociedade de risco*: rumo a uma outra modernidade. Trad. Sebastião Nascimento. São Paulo: Editora 34, 2013. p. 12-13.

[18] CALLEGARI, André Luís; ANDRADE, Roberta Lofrano. Sociedade do risco e Direito Penal. In: CALLEGARI, André Luís (Org.). *Direito Penal e globalização*: sociedade do risco, imigração irregular e justiça restaurativa. Porto Alegre: Livraria do Advogado, 2011. p. 11-12.

[19] RODRIGUEZ, Laura Zúñiga. *Política criminal*. Madri: Colex, 2001. p. 259.

da burocracia que esmagava a criatividade" e, por consequência, as autonomias individuais, mas não antecipou o quão impactante tornar-se-ia o lado sombrio da modernidade.[20]

Dependendo do prisma de análise, a sociedade de risco poderá ser interpretada como seguimento da modernidade, ou como o início de uma nova era, caracterizando-se pela ruptura com o momento anterior. Dessa forma, Beck e Giddens adotam a nomenclatura de *modernidade tardia, reflexiva* ou *segunda modernidade*, insistindo sobre os elementos de continuidade com a sociedade precedente, já que não está completamente finalizada a lógica da modernidade.[21] Já Bauman visualiza o rompimento com o modelo moderno – denominando como *modernidade líquida* – uma vez que a liquidez das sociedades atuais, eivada de frágeis vínculos sociais, contrasta com as sólidas instituições do mundo industrial.[22]

A variedade de maneiras de se ver a nova realidade não representa um prejuízo para a ideia que se pretende desenvolver, já que, independentemente da circunstância de se estar – ou não – inaugurando um novo tempo, ou simplesmente de dar a sequência natural para uma época já existente, resta inequívoca a sensação, baseada no cotejo da realidade que se descortina, de que a evolução desenvolvida a partir da Revolução Industrial atingiu resultados previsíveis e imprevisíveis, pois inegavelmente a própria conduta humana rumou, sem percepção prévia, à situação de risco global.

Os riscos – criados ou incrementados – que se vislumbram diante de nossos olhos após a cegueira temporária, romperam com a ideia de que o progresso *moderno* sempre conduz a humanidade à melhor condição de vida, o que significava também maior segurança, embutindo na própria potencialidade destruidora, em caso de ocorrência, abalos emocionais individuais e coletivos da espécie humana, que pode estar caminhando para a destruição do planeta. Isso valida a observação de Lipovetsky, que sugere, por sua vez, um marco divisório entre as sociedades modernas e "pós-modernas",[23]

---

[20] GIDDENS, Anthony. *As consequências da modernidade*. Trad. Raul Fiker. São Paulo: Editora Unesp, 1991. p. 17.

[21] Para tanto, conferir GIDDENS, Anthony. *As consequências da modernidade*. Trad. Raul Fiker. São Paulo: Editora Unesp, 1991 e BECK, Ulrich. *Sociedade de risco*: rumo a uma outra modernidade. Trad. Sebastião Nascimento. São Paulo: Editora 34, 2013.

[22] BAUMAN, Zigmunt. *Modernidade líquida*. Trad. Plínio Dentzien. Rio de Janeiro: Zahar, 2001.

[23] O mesmo autor colaciona com as seguintes reflexões o neologismo pós-moderno, posteriormente substituído pela hipermodernidade, apontando, inclusive, as demais características dessa nova era: "O neologismo pós-moderno tinha um mérito: salientar uma mudança de direção, uma reorganização em profundidade do modo de funcionamento social e cultural

que é justamente o fator anímico da perda da confiança no futuro e que inaugura uma nova era.[24] Em outras palavras, sendo o futuro algo absolutamente imprevisível e com potencialidade de ser pior do que o presente – ou mesmo de inexistir – se abandona a ideia da confiança em tempos melhores para tornar os desejos mais imediatos, com a ansiedade de se viver o aqui e o agora, já que amanhã poderá ser tarde – ou não acontecer.

Segundo Chevallier, o abalo do mito do progresso se torna o aspecto mais importante da perda da Razão "na medida em que ele coloca em questão a fé no futuro que se encontra no coração da modernidade". Nascido no século XVII, o mito já tinha sofrido graves baques ao longo do século XX mas não desapareceu totalmente, no entanto, é fato que "a exaustão da ideia de Progresso é atestada pela ênfase colocada no presente", pelo foco no curto "prazo", abandonando-se projetos forjados em utopias, o que levou a humanidade, por outro lado, a referenciar o passado, como se mostra pelo sucesso no *renascimento* dos fundamentalistas religiosos, uma vez que o futuro – antes, certo e programado – "aparece cheio de incertezas e de ameaças potenciais, contra as quais convém se prevenir (princípio da precaução)".[25]

Por isso, calha a advertência de que o conceito de pós-modernidade somente é aceitável para evitar quatro equívocos, quais sejam, (i) o reconhecimento de algumas características novas marcadas pela incerteza, pela indeterminação, pela complexidade, pelo abandono da essência estável; (ii) o conhecimento de que um período não é brutalmente encerrado para o início de outro; (iii) a im-

---

das sociedades democráticas avançadas. Rápida expansão do consumo e da comunicação em massa; enfraquecimento das normas autoritárias e disciplinares; surto de individualização; consagração do hedonismo e do psicologismo; perda da fé no futuro revolucionário; descontentamento com as paixões políticas e as militâncias – era mesmo preciso dar um nome à enorme transformação que se desenrolava no palco das sociedades abastadas, livres do peso das grandes utopias futuristas da primeira modernidade". LIPOVETSKY, Gilles. *Os tempos hipermodernos*. Trad. Mário Vilela. São Paulo: Barcarolla, 2004. p. 52.

[24] "A sociedade moderna era conquistadora, crente no futuro, na ciência e na técnica e instituiu-se em ruptura com as hierarquias de sangue e a soberania sacralizada, com as tradições e os particularismos, em nome do universal, da razão, da revolução. Esse tempo se desfaz diante dos nossos olhos e é, em parte, contra tais princípios futuristas que as nossas sociedades se estabelecem, nessa medida pós-moderna, ávidas de identidade, de diferença, de conservação, de descontração, de realização pessoal imediata; a confiança e a fé no futuro dissolvem-se, nos amanhãs radiosos da revolução e do progresso já ninguém acredita, doravante o que se quer é viver já, aqui e agora, ser-se jovem em vez de forjar o homem novo". LIPOVETSKY, Gilles. *A era do vazio*: ensaios sobre o individualismo contemporâneo. Trad. Miguel Serras Pereira e Ana Luísa Faria. Lisboa: Gallimard, 1983. p. 11.

[25] CHEVALLIER, Jacques. *O Estado pós-moderno*. Trad. Marçal Justen Filho. Belo Horizonte: Fórum, 2009. p. 17

possibilidade de generalização de uma sociedade pós-moderna por todo o planeta, já que mesmo a globalização não exclui o desenvolvimento de regiões em estágios diferentes; (iv) o fato de que a evolução das sociedades contemporâneas comporta zonas bastante nebulosas e que são fontes de inquietude.[26]

Para Beck – a saber, o primeiro a contrastar os avanços tecnológicos com os riscos por eles produzidos, ao sintetizar como se envolvem em uma sociedade de risco – a produção social de riqueza é acompanhada pela produção social de riscos. Leciona que a circunstância é eivada de consequências, uma vez que os problemas e os conflitos distributivos da "sociedade da escassez sobrepõem-se aos problemas e conflitos surgidos a partir da produção, definição e distribuição de riscos científico-tecnologicamente produzidos".[27] As características referidas oportunizam a distinção de dois aspectos da modernização: a simples, ocorrida durante o período industrial, e a reflexiva, que se refere aos tempos atuais, justamente pelo fato de que a própria civilização colocou-se em perigo, com seu estágio de desenvolvimento.[28] Em outras palavras, seja como consequência da modernidade, ou com o início da pós-modernidade – o que reafirma a observação anterior de que é impossível a todas as regiões do planeta alcançar o mesmo estágio evolutivo ao mesmo tempo – a sociedade se vê diante de novos desafios representados pelo risco em grande escala e com efeitos globais, com capacidade para atingir também as regiões que não fazem parte do desenvolvimento justamente pelo estágio que o progresso tecnológico alcançou.

O futuro pode se apresentar mais sombrio do que o projetado, ou seja, a racionalidade não mais controla a evolução como imaginou o homem moderno e contempla a teoria mundial do risco com a

---

[26] CHEVALLIER, Jacques. *O Estado pós-moderno*. Trad. Marçal Justen Filho. Belo Horizonte: Fórum, 2009. p. 20-21.

[27] Mais adiante, na mesma obra, o autor segue explicando o círculo produtivo e as relações entre a produção de riqueza e riscos, *verbis*: "Essa passagem da lógica da distribuição de riqueza na sociedade da escassez para a lógica da distribuição de riscos na modernidade tardia está ligada historicamente a (pelo menos) duas condições. Ela consuma-se, em primeiro lugar – como se pode reconhecer atualmente –, quando e na medida em que, através do nível alcançado pelas forças produtivas humanas e tecnológicas, assim como pelas garantias e regras jurídicas e do Estado Social, é objetivamente reduzida e socialmente isolada a autêntica carência material. Em segundo lugar, essa mudança categorial deve-se simultaneamente ao fato de que, a reboque das forças produtivas exponencialmente crescentes no processo de modernização, são desencadeados riscos e potenciais de autoameaça numa medida até então desconhecida". BECK, Ulrich. *Sociedade de risco*: rumo a uma outra modernidade. Trad. Sebastião Nascimento. São Paulo: Editora 34, 2013. p. 35.

[28] CALLEGARI, André Luís; ANDRADE, Roberta Lofrano. Sociedade do risco e Direito Penal. In: CALLEGARI, André Luís (Org.). *Direito Penal e globalização*: sociedade do risco, imigração irregular e justiça restaurativa. Porto Alegre: Livraria do Advogado, 2011. p. 12.

percepção inerente dos riscos tecnológicos globais até então despercebidos, tornando a sociedade crítica de seu próprio desenvolvimento e racionalidade.[29] Hood, Rothstein e Baldwin definem risco como "uma probabilidade, não necessariamente calculável na prática, de consequências adversas",[30] o que se alinha às demais definições de Beck, que reconhece como possíveis a previsibilidade e a adversidade das consequências para o homem. Porém, essa classificação em sociedade de risco alcança complexidade impactante quando se sabe, por meio do estudo dos riscos, o quanto está exposto o meio ambiente, já que, a título exemplificativo, no caso da segurança de reatores nucleares, as garantias limitam-se à estimativa de quantificação e de probabilidade, em que mesmo uma chance de acidente reduzida é alta demais, quando efetivamente ocorre e causa extermínio.[31] Ao que parece, não há mais como então garantir respostas à sociedade contemporânea que hoje foi criada, por se encontrarem acima dos limites da razão moderna, que se vê preocupada em garantir plenamente a ordem, a estabilidade e a certeza do futuro.[32]

Beck aponta ainda que a influência econômica nos estudos científicos – mesmo que aliada à ética – se evidencia como incontestável e leva à imprecisão das forças que regem as experiências, pois não há racionalidade para determinar o teor do risco que se está correndo com as novas descobertas que se movem unicamente no campo da probabilidade. Ademais, as constatações de risco estão baseadas em cálculos matemáticos e em interesses sociais, sendo que, ao ocuparem-se com "riscos civilizacionais, as ciências sempre acabaram por abandonar a sua base de lógica experimental, contraindo um casamento polígamo com a economia, a política e a ética" em uma espécie de "concubinato não declarado".[33] Em ainda outras palavras, a racionalidade científica atual trabalha com afirmações de prognoses e de possibilidades, deixando de lado a certeza e os juízos de irreversibilidade de grandes decisões tecnológicas, o que pode comprometer as gerações futuras.[34]

---

[29] MACHADO, Marta Rodriguez de Assis. *Sociedade do risco e Direito Penal*: uma avaliação de novas tendências político-criminais. São Paulo: Ibccrim, 2005. p. 31.

[30] HOOD, Christopher; ROTHSTEIN, Henry; BALDWIN, Robert. *El gobierno del riesgo*. Madrid: Ariel, 2006. p. 19.

[31] BECK, Ulrich. *Sociedade de risco*: rumo a uma outra modernidade. Trad. Sebastião Nascimento. São Paulo: Editora 34, 2013. p. 35.

[32] D'AVILA, Fábio Roberto. *Ofensividade e crimes omissivos próprios* (contributo à compreensão do crime como ofensa ao bem jurídico). Coimbra: Coimbra Editora, 2005. p. 29.

[33] BECK, Ulrich. *Sociedade de risco*, op cit., p. 35.

[34] Ibid., p. 34-37.

Tal mudança de paradigma é crucial para se compreender o momento da sociedade atual, pois, se antes o pensamento dominante consistia no esforço de energias para decifrar movimentos naturais baseados na certeza da possibilidade de domínio do homem sobre a natureza, a presente época afasta radicalmente a premissa, seja porque não se consegue prever nem os possíveis desastres da própria conduta desenvolvimentista, seja porque a natureza não pode ser decifrada, tampouco dominada, como se pressupunha. Cada vez mais se conhece a limitação do ser humano na prática do rigor científico, em diversas áreas de conhecimento. No campo da física quântica, por exemplo, já se sabe não ser possível observar e medir um objeto sem interferir nele, o que transforma o determinismo em imprevisibilidade, a ordem em desordem, e em vez da necessidade, vêm a criatividade e o acidente.[35] E assim se afirma porque a física quântica é apenas um bom exemplo para pôr em ruínas a crença anterior fundamentada nas ideias de Laplace ou no estudo mecanicista de Newton.

Nesse campo do conhecimento, a natureza realmente impõe uma série de limites que impedem de se prever o futuro, como é o caso da posição e da velocidade de uma partícula, em que é impossível medir o seu estado inicial com exatidão.[36] Isso ocorre porque, para a medição precisa, a maneira correta emprega como ponto de partida para encontrar a posição original de uma partícula a utilização de um feixe de luz para iluminá-la.[37] Com isso, a teoria quântica diz que mesmo um *quantum* de luz perturbará a partícula, alterando a sua velocidade de modo que não mais poderá ser mais prevista, o que significa que, quanto mais energético for o *quantum* de luz, maior será a alteração provável. A consequência é a imprecisão, uma vez que quanto maior a precisão que se busca para medir a posição da partícula, menor será a precisão com que conseguirá

---

[35] SANTOS, Boaventura de Souza. *Um discurso sobre as ciências*. 13. ed. Porto: Afrontamento, 1987. p. 26-28.

[36] HAWKING, Stephen; MLODINOW, Leonard. *Uma nova história do tempo*. Trad. Vera de Paula Assis. Rio de Janeiro: Ediouro, 2005. p. 94-95.

[37] Nas palavras dos autores: "algumas das ondas de luz serão espalhadas pela partícula. Estas podem ser detectadas pelo observador e indicarão a posição da partícula. Entretanto, a luz de um dado comprimento de onda tem apenas uma sensibilidade limitada: não será possível determinar a posição da partícula com maior precisão que a distância entre as cristas de onda de luz. Portanto, para medir a posição da partícula com precisão, é necessário usar uma luz de um comprimento de onda curto, isto é, de alta frequência...precisa usar pelo menos um quantum, cuja energia é maior em frequências maiores. Logo, quanto maior a precisão com que você quiser medir a posição da partícula, mais energético será o quantum de luz que você precisará atirar contra ela". Ibid., p. 94-95.

medir a velocidade.[38] Logo, como mostrou Heisenberg, em sua síntese célebre que passou a ser conhecida como mecânica quântica, no famoso princípio da incerteza, pode-se conhecer "a trajetória de um elétron pelo espaço ou sua localização num dado instante, mas não podemos conhecer as duas coisas", pois qualquer tentativa de medir uma delas perturbará a outra, tratando-se de uma característica imutável do universo, e não apenas da falta de melhores instrumentos de análise.[39] Assim, "a incerteza na posição da partícula vezes a incerteza na sua velocidade vezes a massa da partícula nunca poderá ser menor que uma determinada quantidade fixa", o que indica que se for reduzida à metade a incerteza na posição, dobra-se a incerteza na velocidade, e vice-versa.

A natureza obriga a escolher o que se quer saber, concedendo algo em troca, se quiser aumentar a precisão de uma medição.[40] Ou seja, mesmo aplicando toda a racionalidade de que se serviu para os avanços teóricos, a mecânica quântica surge como outra perspectiva, em que não é a falta de conhecimento que leva à imprecisão, e sim a própria natureza da matéria analisada que joga no campo da probabilidade, independentemente da técnica que se utiliza para decifrá-la. Dessa feita, é inegável que o tempo presente com seus novos paradigmas impulsiona a formação de uma nova consciência sobre as diversas áreas do conhecimento, cujos pilares da certeza e da determinação restam cada vez mais distantes, exigindo respostas aos acontecimentos com características de incerteza, de indeterminação, de complexidade e de desordem, abrangendo o conjunto de características que posiciona o indivíduo em uma sociedade notadamente de risco, como efeito de uma (in)evitável expansão do progresso.

A nova sociedade – caracterizada como de risco – preconiza modificações de comportamento e, por certo, arrasta a ciência do Direito para o enfrentamento de novos desafios, de forma ampla. Focando-se no objetivo do presente estudo, exige-se a adequação do Direito Penal ao conjunto de perigos/danos que as estruturas – pesadas, antigas e moldadas para outra época e diversa concepção – não mais atendem, de forma satisfatória, conglobando ditas circunstâncias ao pensamento que se pretende estreitar, a partir deste momento.

---

[38] HAWKING, Stephen; MLODINOW, Leonard. *Uma nova história do tempo*. Trad. Vera de Paula Assis. Rio de Janeiro: Ediouro, 2005. p. 95.

[39] BRYSON, Bill. *Breve história de quase tudo*. Trad. Ivo Korytowski. São Paulo: Companhia das letras, 2005. p. 154.

[40] HAWKING, Stephen; MLODINOW, Leonard. *Uma nova história do tempo*, op. cit.. p. 95.

2.1.2. A globalização e seus efeitos ambientais

O fenômeno da globalização não é novo, e já ocorreu em, pelo menos, quatro oportunidades. Inicialmente, o próprio Império Romano ensaiou uma tentativa de globalização, ao buscar a uniformização e a centralização por intermédio da força. Depois, na época das Grandes Descobertas, no momento do descobrimento de novos continentes, abriu-se caminho para a Índia e a China, nos séculos XIV e XV. Poucos séculos adiante, logo em seguida às Guerras Napoleônicas, a África e a Ásia foram colonizadas e França e Inglaterra firmaram um pacto de livre comércio, que expandia a dominação dos dois países no século XIX. Por último, com o fim do regime socialista, após a estabilização conquistada após a Segunda Guerra Mundial, também ocorreu o que pôde ser considerado como movimento globalizante.[41]

Destaca-se que é natural que cada época contemple características próprias, e que cada globalização não seja considerada como um processo idêntico, em situações e em tempos distintos. Acerca disso, Morais, após definir globalização, em seu sentido estrito, como um projeto econômico hegemônico, unilateral e uniformizante, apura o que se entende por globalização como um projeto civilizatório que conjuga a perspectiva universal "que se constrói em escala mundial e se concretiza no plano local a partir de padrões compartilhados de justo e de interações variadas entre os diversos âmbitos" cujo desenrolar das "relações sociais contemporâneas – local, regional, nacional, supranacional, mundial, cosmopolita, em um circularidade construtiva/destrutiva/(re)construtiva" conduz a humanidade para uma nova perspectiva de facilidade na interação cosmopolita, que Habermas denomina como *globalização dos riscos* e Beck, por sua vez, chama de *sociedade de riscos*.[42]

Se a globalização não constitui um fenômeno novo, as sociedades antigas sempre estiveram submetidas aos riscos, inclusive no século XVI, em que as comunidades nativas estavam expostas a várias situações novas e desconhecidas, quando da descoberta pelos colonizadores, passando pelos próprios riscos da sociedade indus-

---

[41] MOREIRA, Alexandre Mussoi. *A transformação do Estado*: neoliberalismo, globalização e conceitos jurídicos. Porto Alegre: Livraria do Advogado, 2002. p. 95.
[42] MORAIS, José Luis Bolzan de. Globalização, direitos humanos e constituição. *Estudos Jurídicos*, São Leopoldo, v. 39, n. 2, p. 75, jul./dez. 2006.

trial do século XIX.[43] Logo, o fator a ser sopesado não é a globalização – ou o risco em si – e sim, sob a perspectiva de o tempo presente englobar os riscos civilizatórios e globalizados, uma vez que pouco importa o lugar em que é gerada a situação de perigo. Por conseguinte, a produção industrial universalizou os perigos, não mais importando os espaços nos quais foram produzidos, superando-se as fronteiras pelas quais se acostumou a dividir o mundo, para compartilhar riscos com a característica intrínseca de globalização, superando a antiga dicotomia de restar confinado ao território em que eram produzidos. Finalmente, pode-se determinar que é nesse sentido que aparece uma sociedade de riscos: em substituição a uma sociedade de classes.[44]

Em outra passagem, Beck categoriza os três níveis em que ocorre a *deslocalização* dos riscos. Um deles, o espacial, acontece porque os novos riscos – por exemplo, as mudanças climáticas – estão se espalhando para além das fronteiras nacionais e até mesmo sobre os continentes. O segundo deles, o temporal, significa que os novos riscos têm longo período de latência – por exemplo, o lixo nuclear – e os efeitos futuros não podem ser determinados, previstos e restritos com segurança. Além do mais, o conhecimento e o não conhecimento sobre o tema são alterados conforme avançam os estudos, e a questão de quem é atingido permanece temporalmente aberta e em disputa. Por último, vêm os aspectos sociais, em que os novos riscos resultam de processos complexos que envolvem longas cadeias de efeitos, e não se pode determinar o seu alcance em relação às crises financeiras.[45]

Considerando-se que a globalização e os riscos fazem parte da história da civilização, o relevante é que: (a) ambos se encontram agora juntos, ou seja, os riscos são globais; (b) as novas ameaças possuem uma diferença significativa em relação aos riscos tradicionais, pois são potencialmente mais perigosas. Quando assim se afir-

---

[43] SOUZA, Susana Aires. Sociedade do risco: réquiem pelo bem jurídico? *Revista Brasileira de Ciências Criminais*, São Paulo, n. 86, p. 232, set./out. 2010.

[44] BECK, Ulrich. *La sociedad del riesgo*: hacia uma nueva modernidad. Barcelona: Paidós, 1998. p. 42-43.

[45] No original: "(a) spatial: the new risks (e.g. climate change) are spreading over national borders, and even over continents; (b) temporal: the new risks have a long latency period (e.g. nuclear waste), so that their future effects cannot be reliably determined and restricted; moreover, knowledge and non-knowing are changing so that the question of who is affected is itself temporaly open and remains disputed; (c) social: since the new risks are the result of complex processes involving long chains of effects, their causes and effects cannot be determined with sufficient precision (e.g. financial crises)". BECK, Ulrich. World at risk: the new task of critical theory. *Development and Society*, [S.l.], v. 37, n. 1, p. 1-21June 2008, Disponível em: <http://isdpr.org/ isdpr/publication/journal/37-1/01.pdf>. Acesso em: 17 fev. 2014.

ma, não se está mencionando a perspectiva qualificativa dos riscos, mas sim a possibilidade de sua grandeza catastrófica, já que em nenhum período anterior da história a humanidade teve a capacidade – e a consciência de – que produz situações de risco que têm potencialidade e velocidade para atingir o planeta inteiro. Tais riscos – definidos como globais[46] – geram consequentemente a significativa procura por segurança, por prevenção e, por certo, por precaução.[47] Ressalta-se que esses fatores alcançam relevância se notar-se outra característica da sociedade atual que, além de globalizada, pode ser taxada como de consumo. Evidentemente, quando se menciona a sociedade de consumo não se perde de vista a situação de que todos os seus membros, em escalas quantitativas e qualificativas diversas, consomem desde sempre, e o que diferencia a atual de suas predecessoras – que também *consumiam* – é que, contrariamente àquela, em que os tempos modernos definiam seus membros como produtores e soldados, esta molda os seus membros, acima de tudo, pelo dever de desempenhar o seu papel de consumidor.[48]

No caso em tela, a diferença – que pode enganar, ao parecer pequena – explicita reflexos significativos em termos culturais, individuais e em praticamente todos os outros aspectos da vida cotidiana, haja vista que o consumidor da sociedade, além de umbilicalmente diferente de todos os seus predecessores,[49] vive para poder consumir, ao contrário dos dilemas filosóficos anteriores, que estavam centrados na reflexão se o "homem trabalha para viver ou vive para trabalhar".[50] Bauman postula que tais considerações con-

---

[46] A expressão riscos glocais está ligada à "sua projecção no espaço, [...] não conhecem fronteiras e são ao mesmo tempo locais e globais, resultando dessa mistura o qualificativo "glocal". A expressão é de Robertson, tomada por Beck, Ulrich, cf. Retorno a la teoria de la "sociedad del riesgo"". SOUZA, Susana Aires. Sociedade do risco: réquiem pelo bem jurídico?. *Revista Brasileira de Ciências Criminais*, São Paulo, n. 86, p. 233, set./out. 2010.

[47] Ibid., p. 233.

[48] BAUMAN, Zygmunt. *Globalização*: as consequências humanas. Rio de Janeiro: Zahar, 1999. p. 87-88.

[49] Ibid., p. 88.

[50] O autor, com maestria, cita os efeitos dessa nova forma de pensar nos indivíduos consumidores da sociedade de consumo: "Idealmente, todos os hábitos adquiridos deveriam recair nos ombros desse novo tipo de consumidor, exatamente como se esperava que as paixões vocacionais e aquisitivas de inspiração ética recaíssem, como disse Max Weber repetindo Baxter, nos ombros do santo protestante: "como um leve manto, pronto para ser posto de lado a qualquer momento". E os hábitos são, de fato, contínua, diariamente e na primeira oportunidade postos de lado, nunca tendo a chance de se tornarem as barras de ferro de uma gaiola (exceto um meta-hábito que é o 'hábito de mudar os hábitos'). Idealmente, nada deveria ser abraçado com força por um consumidor, nada deveria exigir um compromisso 'até a morte nos separe', nenhuma necessidade deveria ser vista como inteiramente satisfeita, nenhum desejo como o último. Deve haver uma cláusula "até segunda ordem" em cada juramento de lealdade e em cada compromisso. O que realmente conta é apenas a volatilidade, a temporalidade interna de

duzem à outra percepção acerca das características do consumidor na sociedade de consumo globalizada, que é o ponto fundamental para a análise, isto é, "o consumidor é uma pessoa em movimento e fadada a se mover sempre".[51]

É lógico que nem todos podem ser consumidores na acepção plena da palavra, mas, ao contrário das sociedades industriais em que havia vínculo entre os mais abastados com o lugar de origem, na vida moderna os que têm acesso ao capital abandonam, se quiserem assim, as regiões a que estão presos os que não têm como se mudar,[52] o que significa desnecessidade de compromisso com o meio ambiente local, já que, caso aquele ambiente se torne desagradável frente às expectativas do capital financeiro, a sua substituição é simples, e o mundo estará à disposição. Em suma, em caso de catástrofe ambiental localizada que contamine, por exemplo, a água de determinada localidade, enquanto muitos restarão presos ao local e sem acesso a outros lugares, os donos do capital – por sua vez, os consumidores na acepção da palavra, na sociedade de consumo – terão o mundo à sua disposição para abandonar o local impróprio, mesmo que sejam eles os autores da contaminação ou da catástrofe.

O raciocínio – exceto a exemplificação que aborda a tragédia ambiental – é fomentado por Bauman, além da circunstância de que todos nós, por não escolhermos a sociedade em que vivemos, estamos condenados a uma vida de opções, em que pese o fato de que nem todos podem ser optantes, apontando para a circunstância "da diferença entre 'os da alta' e 'os da baixa' (que é) aqueles que podem deixar estes para trás, mas não o contrário. As cidades contemporâneas são locais de um 'apartheid' ao avesso". Ou seja, os indivíduos que têm opções devido às condições de vida deixam para os outros, se quiserem, a sujeira e a pobreza das regiões a que estão condenados a viver aqueles que não têm condições de se mudar, mesmo querendo.[53]

Outro aspecto a ser examinado é o econômico, visto que, na sociedade de consumo globalizada, as forças de mercado abando-

---

todos os compromissos; isso conta mais que o próprio compromisso, que de qualquer forma não se permite ultrapassar o tempo necessário para o consumo do objeto do desejo (ou melhor, o tempo suficiente para desaparecer a conveniência desse objeto)". Ibid., p. 89.

[51] Ibid., p. 89.

[52] Ibid., p. 94-95.

[53] BAUMAN, Zygmunt. *Globalização*: as consequências humanas. Rio de Janeiro: Zahar, 1999. p. 94.

nadas à própria sorte são incapazes de se preocupar, simultaneamente, em prover as necessidades humanas sem colocar em perigo o meio ambiente, já que o custo do uso do meio ambiente não é computado quando se realizam as atividades de produção de bens a serem ofertados aos consumidores, sendo suportados coletivamente pela sociedade, o que leva à tendência de se explorar ao máximo o meio ambiente para obter o melhor benefício possível, sem qualquer preocupação com o esgotamento dos recursos naturais.[54]

Diante disso, além do enfrentamento desse novo tipo de risco – o qual coloca em dúvida o próprio futuro da humanidade – vale acrescentar que a mobilidade como opção aos que têm acessos facilitados pode conduzir ao descompromisso das pessoas com os locais e os ambientes, aparecendo, então – ao menos até o presente momento – duas relevantes condições para se debater a (nova) função do Direito Penal no tempo presente, que congrega características diferentes do passado e conjuga risco e globalização com a magnitude de catástrofes irreversíveis, especialmente contra o meio ambiente.

2.2. Em busca de um Direito Penal adequado frente aos novos riscos civilizatórios

O questionamento sobre quais características deve ter um comportamento para que possa ser objeto da punição estatal sempre foi – e ainda é – uma questão central para o legislador e para a ciência do Direito Penal, posto que o legislador moderno – em especial, o legitimado democraticamente – não pode penalizar uma conduta apenas porque não a aprecia, e "a penalização de um comportamento necessita, em todo o caso, de uma legitimação diferente da simples discricionariedade do legislador".[55] Assim se torna inviável prever uma sanção penal para determinado tipo de comportamento apenas porque desagrada ao detentor do poder de legislar, ou atinja certos grupos de pessoas, por razões livremente escolhidas.

Nesta segunda etapa, impera analisar historicamente os movimentos de elaboração e de controle do Direito produzidos especialmente nas correntes denominadas como jusnaturalismo e juspositivismo, enfatizando-se a segunda, para, em seguida, en-

---

[54] CUTANDA, Blanca Lozano. *Derecho ambiental administrativo*. Madri: Dykinson, 2003. p. 61.
[55] ROXIN, Claus. *A proteção de bens jurídicos como função do Direito Penal*. Org. e Trad. André Luís Callegari e Nereu José Giacomolli. 2. ed. Porto Alegre: Livraria do Advogado, 2009. p. 11.

frentar-se os limites que sofre a produção de normas incriminadoras dentro de um Estado Democrático de Direito. Em síntese, a busca pelos limites formais e materiais do Direito Penal é fundamental para cotejar com as novas formas propostas de controle, e somente assim verificar sua legitimidade de atuação. Isso ocorre porque, a partir da substituição da vontade do soberano e do arbítrio dos Deuses na formulação das Leis – especialmente as penais – cabe buscar os mecanismos legitimadores das decisões estatais, justamente porque importam, na seara punitiva, na restrição de direito fundamental da liberdade individual. Em derradeiras palavras, modernamente estabelecido está que o conceito de crime e sua posterior tipificação dependem de mecanismos de controle que ultrapassem a simples escolha legislativa.

2.2.1. Juspositivismo, jusnaturalismo e direito positivo: breve contexto histórico

Para o entendimento do pensamento jurídico moderno, no que tange ao encontro das fontes do direito, a obra de Cícero se mostra fundamental, pois, em seus pressupostos, "encontraremos a origem de uma concepção moderna do 'direito natural', ainda corrente hoje, e talvez a mais corrente na opinião contemporânea".[56] Posto que a crítica no sentido de os ensinamentos realizarem uma *deplorável* confusão entre o direito e a moral – além de serem pouco jurídicos e de não ensinarem sobre o direito da natureza – Villey não retira a importância da obra, mas aduz que a filosofia estoica[57] afastou-se das concepções de Aristóteles, e resumiu os resultados possíveis, com a razão natural humana substituindo a natureza como fonte de direito, ao contrário do raciocínio anterior, em que a natureza exterior precedia o direito, resultando, daí, "que o direito, melhor entendido como justo, estará contido no conjunto das leis

---

[56] VILLEY, Michel. *A formação do pensamento jurídico moderno*. Trad. Claudia Berliner. São Paulo: Martins Fontes, 2009. p. 472.

[57] "O estoicismo é uma escola de filosofia helenística fundada em Atenas por Zenão de Citio no início do século III a.C. O estoicismo propõe se viver de acordo com a lei racional da natureza e aconselha a indiferença (apathea) em relação a tudo que é externo ao ser. O homem sábio obedece à lei natural, reconhecendo-se como uma peça na grande ordem e propósito do universo, devendo, assim, manter a serenidade perante tanto as tragédias quanto as coisas boas". ESTOICISMO. In: WIKIPÉDIA: a enciclopédia livre. San Francisco, CA, 20 fev. 2014. Disponível em: <http:pt. wikipedia.org/wiki/Estoicismo>Acesso em: 20 fev. 2014.

dispostas pelo espírito humano; o resultado do estoicismo, apesar das aparências, é um positivismo jurídico".[58]

É que Aristóteles não colocava o homem em posição elevada em relação aos animais – contrariamente ao estoicismo, que separa o homem do restante do universo, e a natureza de que fala não é mais a cósmica, como era o pensamento de Aristóteles, mas a natureza do homem. Destarte, para o estoicismo, "nem as polis, nem os agrupamentos sociais dos homens, nem o direito deles propriamente dito são originários: é do homem que se deve partir", pois é dele que se explica a gênese da sociedade.[59] Portanto, consoante à premissa de Cícero, o direito nasce do pensamento do próprio homem, que possui, ao contrário dos animais, a razão que o leva a viver em sociedade, com a qual compartilha o pensamento racional, o que origina o Direito.

O estoicismo sintetiza um método prático de invenção de normas em que, apesar de a moral, em seu nível mais inferior, ainda se fundir na observação dos comportamentos exteriores – instinto de legítima defesa, instinto sexual, dentre outros – "a ciência do direito, por sua vez, só pode agora recorrer a uma fonte subjetiva: a razão disseminada nas almas dos homens. Seguir nossa razão é aí seguir a nossa natureza". A razão suprema é a Lei, que está posta na natureza e que orienta o que deve ser feito e que proíbe o que não deve ser feito, na mesma premissa solidamente estabelecida no espírito humano.[60] Em verdade, para a referida fase do pensamento, o direito será identificado com as leis que provêm da razão humana – e é o que está instituído, como instituição positivada que é fruto de uma razão que se confirma, se escreve e se realiza. Logo, é o próprio homem quem produziu o seu direito que, como criação humana, pode ser modificado, alterado e substituído ao longo da história, uma vez que inexiste uma natureza exterior a limitar o seu poder criador, e "mais progressos, mais invenções podem ser esperados da mente humana. Eis o que, da minha parte, chamo de positivismo jurídico – um positivismo jurídico ao qual conduz o estoicismo".[61]

No campo jurídico, a tradição contempla dois modos de caracterização do Direito denominados como jusnaturalismo e positivis-

---

[58] VILLEY, Michel. *A formação do pensamento jurídico moderno.* Trad. Claudia Berliner. São Paulo: Martins Fontes, 2009. p. 472.

[59] Ibid., p. 474.

[60] Ibid., p. 477-478.

[61] Ibid., p. 486.

mo jurídico,[62] que se constroem no decorrer da modernidade como espécie de consequência um do outro, o que valida a advertência de que tal "oposição só se apresenta de modo absolutamente determinado no contexto das teorias jurídicas experimentadas pela idade moderna".[63] De modo resumido, pode-se caracterizar o positivismo jurídico como uma concepção e/ou um modelo de direito que reconhece como *direito* "qualquer conjunto de normas postas ou produzidas por quem está autorizado a produzi-las, independentemente dos seus conteúdos e, portanto, de sua eventual injustiça".[64]

Ou, por outro ângulo, calha denominar positivismo jurídico como "um modo específico de se estudar o direito; direito positivo, por outro lado, representa o objeto de estudo do positivismo jurídico".[65] Uma consequência lógica do exposto é que não se pode confundir positivismo jurídico com direito positivo, pois o próprio jusnaturalismo poderá conviver com um direito positivo.[66] O que diferencia o direito natural do positivismo jurídico é que o primeiro se justifica em uma ordem natural que determinaria "o conteúdo correto (ou os critérios de correção) do direito positivo, da lei humana",[67] o que demanda a existência de ideias distintas acerca da origem do pensamento jusnaturalista, mas, em todas elas, em seu fundamento, apresenta-se a mesma característica.

Entre os gregos, se propagava a ideia de ordem cosmológica, em que a natureza comandava o conceito de direito; já entre os medievais, a ordem natural se remetia ao modo do ser perfeito – Deus. Com isso, no primeiro caso, se estava diante de um *direito natural cosmológico*. No segundo, denominava-se o *direito natural* ou *teológico*. Entretanto, o interessante é que, em ambos os casos, há uma

---

[62] No campo da filosofia, um dos expoentes do positivismo foi Augusto Comte (1798-1857), que propôs uma interpretação plena e puramente humana para a sociedade, residindo o núcleo de sua filosofia positivista à exclusão de Deus para a explicação dos fenômenos naturais e sociais, devendo corresponder um fato a cada proposição enunciada de maneira positivista, seja particular, seja universal. ROCHA, Leonel Severo; ATZ, Ana Paula. Positivismo. In: BARRETO, Vicente de Paula; CULLETON, Alfredo (Coord.). *Dicionário de filosofia política*. São Leopoldo: Editora Unisinos, 2010. p. 417.

[63] STRECK, Lenio Luiz. Direito. In: BARRETO, Vicente de Paula; CULLETON, Alfredo (Coord.). *Dicionário de filosofia política*. São Leopoldo: Editora Unisinos, 2010. p. 145.

[64] FERRAJOLI, Luigi. Constitucionalismo principialista e constitucionalismo garantista. In: FERRAJOLI, Luigi; STRECK, Lenio Luiz; TRINDADE, André Karam (Org.). *Garantismo, hermenêutica e (neo)constitucionalismo um debate com Luigi Ferrajoli*. Porto Alegre: Livraria do Advogado, 2012. p. 14.

[65] ABBOUD, Georges; CARNIO, Henrique Garbellini; OLIVEIRA, Rafael Tomaz de. *Introdução à teoria e à filosofia do direito*. São Paulo: Revista dos Tribunais, 2013. p. 43.

[66] STRECK, Lenio Luiz. Direito. Op. cit., p. 145.

[67] Ibid., p. 145.

ordem natural a determinar o conteúdo correto – ou os critérios de correção – do direito positivo e da lei humana. Enfatiza-se que a concepção de um direito natural não exclui a existência de um direito positivo posto pelo homem ou, em melhores palavras, pode-se inferir que o ponto comum dentro da doutrina do direito natural "é submeter esse direito positivo, historicamente determinado e construído pelo homem, a uma ordem de justiça que fica num ambiente transcendente".[68]

No entanto, com a chegada do renascimento e da modernidade, ocorreu a morte gradual do jusnaturalismo, uma vez que "o racionalismo antropocêntrico rejeitará qualquer ideal de ordem que não seja colocada pela razão, ou seja, pelo homem".[69] Veja-se que, em que pese o *sujeito* ser uma construção da modernidade,[70] se retorna ao pensamento estoicista, no sentido de a razão humana comandar a criação do direito. Além do que, o positivismo jurídico teve função estratégica dentro da própria evolução do Estado na modernidade. É que, com a Reforma, houve a divisão de visões de mundo e de valores, trazendo à tona uma sociedade pluralística com imensas dificuldades em encontrar pontos em comum. Dessa forma, carecendo os valores de um conteúdo objetivo, o conceito de justiça é altamente questionável e gera insegurança na identificação do que seja o jurídico.[71]

Barzotto assinala que a principal função do Estado Moderno – evidentemente, de acordo com a concepção absolutista – foi a retirada de valores nos julgamentos dos conflitos. Para tanto, apresenta-se como recurso um padrão objetivo de solução para as situações de conflituosidade, em que, como coexistiam diversas formas de pensamento e valores distintos, a sociedade pluralista poderia se encaminhar à dissolução. Assim, a Lei passa a ser um simples comando do soberano, cuja legitimidade reside em sua origem e não em seu conteúdo, ou nas suas palavras, "ela pode ser 'justa' ou 'injusta', sem que isso afete sua qualificação jurídica. O jus deixa de identificar-se com o justum, e passa a ser identificado com o *jussum* (comando) do soberano", o que reflete o pensamento de Hobbes.[72]

---

[68] ABBOUD, Georges; CARNIO, Henrique Garbellini; OLIVEIRA, Rafael Tomaz de. *Introdução à teoria e à filosofia do direito*. São Paulo: Revista dos Tribunais, 2013. p. 64.
[69] STRECK, Lenio Luiz. Direito. In: BARRETO, Vicente de Paula; CULLETON, Alfredo (Coord.). *Dicionário de filosofia política*. São Leopoldo: Editora Unisinos, 2010. p. 146.
[70] Ibid., p. 146.
[71] BARZOTTO, Luis Fernando. *O positivismo jurídico contemporâneo*: uma introdução a Kelsen, Ross e Hart. São Leopoldo: Editora Unisinos, 2004. p. 14.
[72] Ibid., p. 14.

Com efeito, o Estado Absolutista impõe assim o império da Lei como única forma de pacificar uma sociedade formada por indivíduos com valores diversos, livres para perseguir os seus objetivos, sem a limitação do *ethos* comum.[73] Hobbes – o autor da problemática – produz filosoficamente a justificativa para tal concepção, partindo da premissa de que a condição do homem é uma guerra de todos contra todos, e que cada um se governa com a sua própria razão. Logo, enquanto perdurar esse direito, não haverá para nenhum homem a "segurança de viver todo o tempo que geralmente a natureza permite aos homens viver".[74] Daí que, para o cuidado de sua própria preservação e para a manutenção de uma vida mais segura, a forma de constituir um poder comum se concentra em "conferir toda a força e poder a um homem, ou a uma assembleia de homens, que possa reduzir suas diversas vontades, por pluralidade de votos, a uma só vontade".[75]

A autoridade no Estado Absolutista está centrada nas mãos do Monarca, que *positiva* o direito, porém, o poder ilimitado do soberano no Estado Absolutista – que teve papel importante no sentido de consolidar a ideia de Estado, a partir de um momento histórico – passou a não mais servir à classe emergente (a burguesia) que se via insegura frente a um Estado que, a qualquer momento, poderia se utilizar desse poder para prejudicar a acumulação de propriedade e a troca de mercadorias.[76] Era então preciso limitar o poder do Soberano com a troca de paradigma. Nesse caso, aplicou-se a leitura de que, nas revoluções científicas, um paradigma mais antigo é substituído por outro, incompatível com o anterior, decorrente de episódios de desenvolvimento – muitas vezes, não cumulativos – que fazem o substituído não corresponder satisfatoriamente às exigências que serão supridas pelo novo.[77]

E o novo, no caso, era o Estado Liberal, que, com a Revolução Francesa, projetou a burguesia como classe com poder político, baseado no contratualismo de Rousseau, que exercia grande influência nos ideais revolucionários franceses.[78] Dessa maneira, o Estado Libe-

---

[73] BARZOTTO, Luis Fernando. *O positivismo jurídico contemporâneo*: uma introdução a Kelsen, Ross e Hart. São Leopoldo: Editora Unisinos, 2004. p. 14.

[74] HOBBES, Thomas. *Leviatã*. Trad. Alex Marins. São Paulo: Martin Claret, 2002. p. 101.

[75] Ibid., p. 130.

[76] BARZOTTO, Luis Fernando. *O positivismo jurídico contemporâneo*, op. cit., p. 15.

[77] KUHN, Thomas S. *A estrutura das revoluções científicas*. Trad. Beatriz Boeira e Nelson Boeira. São Paulo: Perspectiva, 2000. p. 125.

[78] STRECK, Lenio Luiz; Morais, José Luis Bolzan de. *Ciência política e teoria geral do Estado*. Porto Alegre: Livraria do Advogado, 2003. p. 46-48.

ral, desde Montesquieu, é forjado a partir da Lei, identificando-se com o Estado de Direito ao realizar o ideal burguês de segurança, uma vez que a legislação o protege do conflito dos valores de uma sociedade multifacetada, bem como do próprio poder político, que está sob o viés da Legislação, em que "o próprio direito que determina o jurídico, na medida em que regula o seu próprio processo de produção".[79]

Streck salienta que é inegável que o fim do modelo do Estado Absolutista representou uma conquista no que "tange ao enfrentamento do arbítrio e na afirmação das liberdades", mas lembra que, em um segundo momento, a conquista da revolução trouxe como efeito colateral a criação de um Estado Legislativo cuja consequência era autoritária, abarcando a ideia que simbolizava a Revolução Francesa – e se retratava pela pena de Montesquieu, que tratava do juiz como "a boca que pronuncia as palavras da lei" (da vontade geral) – ficando "sedimentada na concepção de que a lei cobriria tudo o que se pode dar ao mundo dos fatos. Isso significa que, de alguma forma, seria possível prever – antecipadamente – todas as hipóteses fáticas de aplicação da lei".

O pressuposto deixa a herança que até hoje é aplicada e conhecida – ou seja, o "silogismo interpretativo, o que sintetiza a cisão entre fato e direito e a proibição de interpretação dos juízes"[80] – uma vez que, ainda em território francês, a partir do Golpe de Estado de 18 de Brumário, marca-se o início do regime napoleônico na França, o que, do ponto de vista jurídico, carregou consigo o sentimento da promulgação de um Código cuja principal premissa era evitar qualquer influência do intérprete (*rectius*: juízes), ou dos eruditos, no dizer do Direito, que deveria estar todo contido na codificação.[81] Em outras palavras, a atividade dos juízes estaria restrita a reproduzir aquilo que já estava escrito.[82] De certa forma, foi a aposta de que era possível antecipar todas as situações fáticas, em que o Código é (ou era) o meio hábil para a resolução dos conflitos, o que dá origem à primeira tentativa do positivismo em contornar a interpretação e manter a discricionariedade legislativa absoluta, visando restringir a liberdade do Juiz ao julgar, mas sem limitar a atividade legislativa.

---

[79] BARZOTTO, Luis Fernando. *O positivismo jurídico contemporâneo*: uma introdução a Kelsen, Ross e Hart. São Leopoldo: Editora Unisinos, 2004. p. 16-17.
[80] STRECK, Lenio Luiz. *Verdade e consenso*: Constituição, hermenêutica e teorias discursivas. São Paulo: Saraiva, 2011. p. 513-514.
[81] ABBOUD, Georges; CARNIO, Henrique Garbellini; OLIVEIRA, Rafael Tomaz de. *Introdução à teoria e à filosofia do direito*. São Paulo: Revista dos Tribunais, 2013. p. 327-328.
[82] Ibid., p. 328.

O primeiro momento do positivismo jurídico pode ser nomeado como legalista ou exegético, em que ainda há ilusão de que o produto do trabalho legislativo – qual seja, os Códigos – atingiria antecipadamente todas as situações fáticas, evitando a *interpretação*, tornando o Juiz a "boca da lei".[83] Os casos extremamente raros de situações em que a legislação falharia em seu propósito antecipador seriam resolvidos pela analogia e pelos princípios gerais do direito, e a produção do Direito respeitaria a ordem supracitada.

Streck complementa a reflexão, aduzindo que a característica essencial desse primeiro momento do positivismo jurídico, no que se refere à interpretação do direito, "será a realização de uma análise que, nos termos propostos por Rudolf Carnap, poderíamos chamar de sintático",[84] isto é, o cumprimento rigoroso "da conexão lógica dos signos que compõe a obra sagrada (Código) seria o suficiente para resolver o problema da interpretação do direito".[85] Com isso, o intérprete deveria se ater rigorosamente ao que dispõe a Legislação/Codificação, mantendo a fidelidade do que havia sido redigido pelos Legisladores, estabelecendo identificação absoluta entre direito e o código, numa aplicação de conteúdos que ocorre a partir da "simples operação silogística: conhecedor daquilo que está escrito nos códigos, os juízes simplesmente os aplica (enquanto premissa maior) ao caso que lhe é narrado (premissa menor)".[86]

Nessa tela, a liberdade para legislar é absoluta, pois o direito se confunde com a Lei, cabendo ao Juiz simplesmente aplicar o produto do trabalho dos Legisladores. No enlace necessário para a presente pesquisa, nessa fase do desenvolvimento do Direito, por exemplo, bastaria o Legislador inventar – seja por qual razão fosse – uma nova tipificação penal para que ela passasse a valer dentro do ordenamento jurídico, o que significava ser a criação/invenção de fatos puníveis uma escolha livre do Legislador. Em suma, quanto

---

[83] STRECK, Lenio Luiz. Aplicar a letra da lei é uma atitude positivista? *Revista Novos Estudos Jurídicos*, Itajaí, v. 15, n. 1, p. 161, jan./abr. 2010.

[84] "A semiótica divide a análise da linguagem em três níveis: sintática, semântica e pragmática. No nível da sintaxe, a linguagem é considerada a partir de sua estrutura dos signos e a análise obedece a uma lógica de relação signo-signo. Não se considera, aqui, para efeitos de análise, a relação do signo com o objeto ao qual ele faz referência. Por outro lado, a semântica opera uma análise da linguagem na perspectiva de determinar o sentido do signo a partir de sua relação com o objeto. Já a pragmática considera a linguagem na perspectiva do uso (prático) que dela faz aqueles que com ela operam". ABBOUD, Georges; CARNIO, Henrique Garbellini; OLIVEIRA, Rafael Tomaz de. *Introdução à teoria e à filosofia do direito*. São Paulo: Revista dos Tribunais, 2013. p. 205.

[85] STRECK, Lenio Luiz. Aplicar a letra da lei é uma atitude positivista? Op. cit., p. 161, jan./abr. 2010.

[86] ABBOUD; CARNIO; OLIVEIRA, op. cit., p. 328.

à pergunta sobre o que seja materialmente o crime, nessa etapa do pensamento jurídico, a resposta, ao remontar a simplificação cartesiana, seria dada com a concepção própria do positivismo legalista, ou seja, crime é tudo aquilo que o Legislador considera como tal. Importa dizer inclusive que esta concepção do que seja crime vigorou durante um bom tempo da história da ciência jurídica.[87] Já em um segundo momento, começa-se a perceber a polissemia das palavras, e o problema da interpretação e da indeterminação do Direito aparece acentuadamente, precisando ser resolvido.[88] Tal fase é denominada como positivismo normativista, visto que "há múltiplos significados que emanam dos conceitos que compõem o direito e problematiza a relação desses conceitos com os objetos que compõe o mundo jurídico".[89]

Com o acréscimo de outras causas para a entrada nessa passagem do positivismo jurídico, "num segundo momento, aparecem

---

[87] FIGUEIREDO DIAS, Jorge de. *Direito Penal*: parte geral. Coimbra: Coimbra Editora, 2002. t. 1: Questões fundamentais a doutrina geral do crime, p. 106.

[88] Ao circunscrever o movimento codificador do século XVIII, em que os ideais jusnaturalistas modernos inspiraram os construtores do Código de Napoleão, Streck explica com clareza solar o motivo pelo qual a discricionariedade dos juízes adquire um contorno essencial para a manutenção do sistema: "(os movimentos pretendem retratar) a realidade num único corpo legislativo que receberia o nome de Código. Como a realidade que aparecia em primeiro plano, na época, era aquela vivenciada particularmente pelo indivíduo como figura central de todo o universo, esse Código receberá o adjetivo de civil, que pretenderá regular as relações que aquele indivíduo – autônomo – irá desenvolver durante toda a sua vida. Afinal, o que interessava mesmo para a nova classe era a institucionalização de uma "Constituição das relações privadas". É por isso que, em um primeiro momento, os códigos pretenderão traçar uma espécie de biografia do sujeito de direito, na qual se espelha aquilo que um indivíduo – burguês, evidentemente – desempenha desde seu nascimento, passando pela vida adulta e chegando até o momento do falecimento e o problema sucessório dos bens que acumulou durante sua existência. Todavia, será no interior deste sistema traçado pela codificação que aparecerá o primeiro inconveniente: a constatação de que a lei não cobre tudo, que a faticidade apresenta problemas que nem sempre foram esboçados pelo *legislador racional* – termo que ainda faz moda em algumas teorias da interpretação do direito da atualidade. A adaptação criada pelo próprio sistema para resolver esta questão foi colocar, ao lado do legislador racional, um *juiz/intérprete racional*. Desse modo, o primeiro criará, de forma absolutamente *discricionária* – poderíamos falar em uma discricionariedade política, que funciona como condição de possibilidade –, o conteúdo da lei, ao passo que o juiz/intérprete racional terá a delegação para, de forma limitada, preencher os vácuos deixados pela discricionariedade absoluta (política) do legislador. Cria-se, assim, uma espécie de "discricionariedade de segundo nível", representada pela atividade interpretativa do juiz racional. Essa discricionariedade de segundo nível será justificada pelos chamados princípios gerais do direito, que, junto com a analogia e os costumes, representarão as autorizações legislativas para a análise discricionária do juiz no caso concreto. Desse modo, a discricionariedade deferida para o juiz pelo legislador acaba por se consubstanciar em uma política judiciária, que, no limite, dá poderes para que o juiz determine a "lei do caso", a pretexto do dever de julgamento que a própria ordem requer". STRECK, Lenio Luiz. *Verdade e consenso*: Constituição, hermenêutica e teorias discursivas. São Paulo: Saraiva, 2011. p. 514-515.

[89] ABBOUD, Georges; CARNIO, Henrique Garbellini; OLIVEIRA, Rafael Tomaz de. *Introdução à teoria e à filosofia do direito*. São Paulo: Revista dos Tribunais, 2013. p. 206.

propostas de aperfeiçoamento desse 'rigor' lógico do trabalho científico proposto pelo positivismo". Destarte, é exatamente no segundo momento que se promove uma alteração importante no que diz respeito ao modo de trabalho e aos pontos de partida do fato e do positivado, pois o problema da indeterminação do Direito começa aparecer com maior força a partir do momento em que, nas primeiras décadas do século XX, viu-se crescer, de modo avassalador, o poder regulatório do Estado, intensificando-se nas décadas de 1930 e de 1940. E, diante do quadro amplo de regulamentos e de regras, a falência do modelo sintático-semântico de interpretação da codificação representou metaforicamente a *crônica de morte anunciada*, já que se configurou completamente frouxo e desgastado – crescendo, então, a imprecisão jurídica.[90]

Todavia, mesmo com pontos divergentes, historicamente, o juspositivismo considera como critério de validade do Direito a produção dentro das regras previstas no próprio ordenamento, o que carrega consigo a liberdade absoluta de legislar, do ponto de vista material. Abboud, Carnio e Oliveira listam três características fundamentais que sempre estiveram presentes nos modelos positivistas: (a) a primeira delas especifica que o seu objeto é "determinado a partir das fontes estatais-sociais do direito", o que significa negar a influência de fatores externos daquilo que foi produzido, em se tratando de legislação estatal; (b) o segundo ponto crucial defende que há uma separação entre direito e moral. Assim, a validade do direito estará prevista no interior do próprio ordenamento jurídico para Kelsen, ou do sistema jurídico, para Hart; e (c) o terceiro critério, por fim, crê que o positivismo jurídico sempre contará com a discricionariedade judicial para resolver aqueles casos em que não haja previsão antecipada dentro do próprio ordenamento para a sua regulação.[91]

Losano, por sua vez, classifica dois princípios fundamentais aos positivismos jurídicos do século XIX, quais sejam, (i) a assertiva de que somente o direito positivo é direito, e que deve ser "produzido pela autoridade constituída de acordo com certos procedimentos, segundo um procedimento externamente reconhecível, e essa forma jurídica é tão essencial quanto seu conteúdo", bem como (ii) o direito posto (positivado) deve ser incondicionalmente obedeci-

---

[90] STRECK, Lenio Luiz. *Verdade e consenso*: Constituição, hermenêutica e teorias discursivas. São Paulo: Saraiva, 2011. p. 32.
[91] ABBOUD, Georges; CARNIO, Henrique Garbellini; OLIVEIRA, Rafael Tomaz de. *Introdução à teoria e à filosofia do direito*. São Paulo: Revista dos Tribunais, 2013. p. 202.

do, existindo apenas uma única forma de exprimir o dissenso, que é o atuar para a reforma legislativa substituir o texto por outro, uma vez que valores são elementos subjetivos e irracionais.[92] Habermas percebe com nitidez a finalidade do positivismo – que é justamente a função de estabilização de expectativas – "sem ser obrigado a apoiar a legitimidade da decisão jurídica na autoridade impugnável de tradições éticas".[93] Por isso que uma regra básica – ou de conhecimento – pode apontar o rumo preciso de quais normas pertencem (ou não) ao sistema jurídico.[94]

Segundo os moldes com que foram concebidos, resta dizer que tanto o juspositivismo como o jusnaturalismo representam paradigmas incompatíveis para balizar a produção do Direito Penal nos tempos atuais, já que, em relação ao primeiro, inexiste uma ordem natural transcendental para a correção de eventual abuso e, quanto ao segundo, sempre possuirá uma característica (absoluta) de discricionariedade legislativa para a produção do direito positivo, desde que respeitada a forma prevista para a elaboração de Leis. Ocorre que a elaboração das normas incriminadoras penais está vinculada, no Constitucionalismo Contemporâneo,[95] aos ditames constitucionais que abarcam uma série de direitos fundamentais os quais devem ser obrigatoriamente respeitados pela legislação infraconstitucional, sob pena de declaração de inconstitucionalidade.

A seguir, pretende-se avançar na sustentação teórica acerca do anteriormente afirmado.

---

[92] LOSANO, Mário G. *Sistema e estrutura no direito*. 2. São Paulo: Martins Fontes, 2010. v. 2: O século XX, p. 34.

[93] HABERMAS, Jurgen. *Direito e democracia entre facticidade e validade*. Trad. Flávio Beno Siebeneichler. Rio de Janeiro: Tempo Brasileiro, 1997. v. 1, p. 250.

[94] "Quando pressupomos um sistema jurídico autônomo, que, além disso, se diferencia em regras primárias determinadoras do comportamento, e secundárias, que reproduzem auto-referencialmente (sic) normas, a validade das prescrições jurídicas mede-se somente pela manutenção dos procedimentos juridicamente prescritos da normatização do Direito. Essa legitimação através da legalidade do procedimento da normatização privilegia a procedência, ou melhor, o processo correto da positivação ou da resolução em detrimento da fundamentação racional do conteúdo de uma norma: regras são válidas porque podem ser proclamadas conforme às (sic) regras pelas instituições competentes. A legitimação da ordem jurídica em sua totalidade é transportada para o início, isto é, para uma regra fundamental ou regra do conhecimento, a qual legitima tudo, sem ser, porém, passível de uma justificação racional ...". Ibid., p. 250-251.

[95] A expressão Constitucionalismo Contemporâneo é empregada por Lenio Streck para explicitar essa nova fase constitucional pós-guerra, diferenciando da nomenclatura neoconstitucionalismo que, em concordância com Ferrajoli, entende que foi desvirtuada e indutora de equívocos. STRECK, Lenio Luiz. Neoconstitucionalismo, positivismo e pós-positivismo. In: FERRAJOLI, Luigi; STRECK, Lenio Luiz; TRINDADE, André Karam (Org.). *Garantismo, hermenêutica e (neo)constitucionalismo um debate com Luigi Ferrajoli*. Porto Alegre: Livraria do Advogado, 2012. p. 76-77.

2.2.2. O constitucionalismo contemporâneo como forma de limitação formal à produção do Direito Penal

Ferrajoli enaltece a necessidade de uma importante revisão terminológica do conceito de *jusconstitucionalismo* atrelado à experiência histórica do constitucionalismo do século XX, o que se diferencia do Constitucionalismo político, cujo significado é a "prática e concepção de poderes públicos voltadas à sua limitação, à garantia de determinados âmbitos de liberdade", e que está, ao seu turno, em oposição à noção política de constitucionalismo, a qual se afirma com a expressão *neoconstitucionalismo*, "impedindo-se que se evidencie a transformação do paradigma que intervém na estrutura do direito positivo com a introdução da rigidez constitucional".[96]

Em resumo, para esclarecer tal premissa, a expressão "'neoconstitucionalismo' ao se referir, sob o plano empírico, ao constitucionalismo jurídico dos ordenamentos dotados de Constituições rígidas, mostra-se assimétrica em relação ao constitucionalismo político e ideológico", ao não apontar um rumo ao sistema jurídico e tampouco uma teoria do direito, servindo apenas como sinônimo de Estado Liberal de Direito. Identifica-se "somente sob o plano teórico com a ideia jusnaturalista do constitucionalismo, não assimila as características essenciais e distintivas em relação à sua concepção juspositivista, que lhe resulta, de fato, ignorada".[97] Ferrajoli rememora que, enquanto o *neoconstitucionalismo* adota uma noção ampliada de ver o Direito, o positivismo jurídico, ao contrário, "propõe uma noção restritiva, mediante a sua identificação – não simplesmente com a ideia da positividade do direito – com a ideia do primado da lei estatal e dos parlamentos", mas com o modelo paleojuspositivista que, atrelado indubitavelmente ao Estado Legislativo de Direito, o leva a adotar uma nomenclatura distinta como *jusconstitucionalismo, constitucionalismo jurídico, Estado Constitucional de Direito* ou *constitucionalismo* para opor-se à ideia de Estado Legislativo de Direito que, ao contrário do atual modelo – que parte de uma constituição rígida e positivada de uma lei superior à legislação ordinária – era privado de uma Constituição ou, no má-

---

[96] STRECK, Lenio Luiz. Neoconstitucionalismo, positivismo e pós-positivismo. In: FERRAJOLI, Luigi; STRECK, Lenio Luiz; TRINDADE, André Karam (Org.). *Garantismo, hermenêutica e (neo)constitucionalismo um debate com Luigi Ferrajoli*. Porto Alegre: Livraria do Advogado, 2012. p. 15.
[97] FERRAJOLI, Luigi. Constitucionalismo principialista e constitucionalismo garantista. In: ibid., p. 15.

ximo, detinha uma, com sistema de reforma flexível.[98] Isso significa mudança do paradigma do velho positivismo legalista, pois não mais se preocupa somente com o aspecto formal da produção de leis (no sentido da antiga orientação em validar as normas, se quem a produziu e como a produziu estivessem de acordo com as regras), mas também, doravante, com o seu aspecto substancial, condicionando a sua validade se estiver de acordo com o direito de todos, consubstanciado nos direitos fundamentais.[99]

Destaca-se que a circunstância é imprescindível ao presente estudo, posto que a produção penal se condiciona ao respeito aos direitos fundamentais positivados na Constituição, surgindo assim o balizamento significativo (para o Legislador) do que pode – ou não pode – ser objeto do direito positivo, ainda mais em se tratando de matéria penal. Por isso, Ferrajoli fala da complementaridade do positivismo jurídico com o Estado de Direito, no sentido de (i) o primeiro, a partir de agora, positivar não apenas o *ser*, mas também o *dever ser* do direito; e (ii) o segundo comportar a submissão da atividade legislativa ao direito e ao controle de constitucionalidade, excluindo a última forma de governo de homens, haja vista que a produção legislativa se relaciona, na própria validade, ao conteúdo das normas constitucionais.[100] Em outras palavras, para o estudioso florentino, o Constitucionalismo Contemporâneo não trata da superação do velho *positivismo* jurídico, e sim, de sua continuidade e complementação, admitindo a superação do positivismo legalista no sentido de que suas normas deverão respeitar, além de sua

---

[98] FERRAJOLI, Luigi. Constitucionalismo principialista e constitucionalismo garantista. In: FERRAJOLI, Luigi; STRECK, Lenio Luiz; TRINDADE, André Karam (Org.). *Garantismo, hermenêutica e (neo) constitucionalismo um debate com Luigi Ferrajoli*. Porto Alegre: Livraria do Advogado, 2012. p. 17.

[99] Ibid., p. 22-23.

[100] A título ilustrativo, o mestre florentino apresenta três significados de constitucionalismo positivista, verbis: "Como modelo de direito, o constitucionalismo garantista se caracteriza, em relação ao modelo paleo-juspositivista, pela positivação também dos princípios que devem subjazer toda a produção normativa. Por isso, configura-se como um sistema de limites e de vínculos impostos pelas Constituições rígidas a todos os poderes e que devem ser garantidos pelo controle jurisdicional... Como teoria do direito, o constitucionalismo positivista ou garantista é uma teoria que tematiza a divergência entre o dever ser (constitucional) e o ser (legislativo) do direito... como filosofia e como teoria política, o constitucionalismo positivista ou garantista consiste em uma teoria da democracia, elaborada não apenas como uma genérica e abstrata teoria do bom governo democrático, mas sim como uma teoria da democracia substancial, além de formal, ancorada empiricamente no paradigma de direito ora ilustrado". FERRAJOLI, Luigi. Constitucionalismo principialista e constitucionalismo garantista. In: FERRAJOLI, Luigi; STRECK, Lenio Luiz; TRINDADE, André Karam (Org.). *Garantismo, hermenêutica e (neo) constitucionalismo um debate com Luigi Ferrajoli*. Porto Alegre: Livraria do Advogado, 2012. p. 23.

forma de produção, o conteúdo existente nas Constituições, em termos de direitos e de garantias fundamentais.

Streck advoga que a tese da separação da *dependência/vinculação* entre o direito e a moral está ultrapassada, primeiramente porque a Constituição é norma, já que "não é qualquer direito que pode ser positivado", e segundo porque "a co-originariedade entre direito e moral [...] reforça, sobremodo, a autonomia do direito [...]. Com efeito, a moral não tem força jurídico-normativa. O que tem força vinculativa, cogente, é o direito", que naturalmente está apto para receber diversos conteúdos morais, quando de sua elaboração legislativa. Além do mais, evoca o autor que "são as Constituições desse novo período que albergam esse novo direito, que busca resgatar as promessas incumpridas da modernidade; e é a partir dele que o legislador deverá agir".[101] Dessa feita, deixa claro, desde o início, a sua discordância com Ferrajoli, no que tange ao Constitucionalismo Contemporâneo ser uma continuidade do juspositivismo, já que essa corrente tem como premissa justamente a separação entre direito e moral. De fato, Habermas contribui significativamente para o direito, ao mostrar a eventual dissintonia da doutrina de Kant, em partir de uma teoria moral que forneceria os conceitos superiores, pois subordina o direito à moral, sendo que a hierarquia de leis faz parte do mundo pré-moderno do direito. De mais a mais, critica, por outro lado, o entendimento "'platonizante', segundo o qual existe uma relação de cópia entre o Direito e a moral – como se se tratasse de uma mesma figura geométrica que apenas é projetada em níveis diferentes". Em verdade, conforme Habermas, o que existe entre a moral autônoma e o direito positivo – que depende de fundamentação – é uma complementação recíproca, em que uma ordem jurídica somente pode ser considerada legítima quando não contrariar os princípios morais.[102]

Ocorre que, nessa quadra da história, os princípios morais estão insculpidos na Constituição, e esse ponto fundamental conduz Streck a também sustentar a limitação do Legislador para legislar, uma vez que não possui discricionariedade absoluta no Estado Democrático de Direito, restringindo-se pela Constituição, que lhe concede, sim, liberdade no atuar, mas dentro de um "espaço es-

---

[101] STRECK, Lenio Luiz. Neoconstitucionalismo, positivismo e pós-positivismo. In: FERRAJOLI, Luigi; STRECK, Lenio Luiz; TRINDADE, André Karam (Org.). *Garantismo, hermenêutica e (neo)constitucionalismo um debate com Luigi Ferrajoli*. Porto Alegre: Livraria do Advogado, 2012. p. 76-77.

[102] HABERMAS, Jurgen. *Direito e democracia entre facticidade e validade*. Trad. Flávio Beno Siebeneichler. Rio de Janeiro: Tempo Brasileiro, 1997. v. 1, p. 141-142

trutural-constitucional".[103] Portanto, Streck é naturalmente discordante de Ferrajoli no que concerne ao fato de o Constitucionalismo Contemporâneo ser a continuidade do juspositivismo. A referida diferença é compreendida no instante em que se percebe Ferrajoli situado na filosofia analítica e Streck enquadrado no paradigma filosófico da fenomenologia hermenêutica e da hermenêutica filosófica.

Para os fins da presente pesquisa, ambos concordam com a limitação da atuação do Legislador para a produção de Leis, uma vez que submetido aos ditames constitucionais, que *positivou* os direitos e as garantias fundamentais, em época de Constitucionalismo Contemporâneo. Daí que qualquer tentativa de ampliação do Direito Penal esbarra na limitação Constitucional dos direitos e das garantias fundamentais, evitando a confusão entre o "acento distintivo entre ilícito penal e o ilícito administrativo sancionador" que deve incidir em uma diferença qualitativa, com a exigência constitucional para a tutela penal da ofensa a um bem jurídico, pois é a "fronteira infranqueável de um Direito Penal legítimo, na qual, ainda hoje, é possível creditar as linhas fortes de sua identidade".[104]

Em síntese, é inequívoco que a incriminação penal impõe uma limitação ao direito fundamental constitucional do bem jurídico da liberdade e, então, para ser legítima (e constitucional), precisa preencher requisitos mínimos e, dentre eles, reside "a tutela exclusiva de valores dotados de nível constitucional – isto é, de valores que se encontram em uma relação de harmonia com a ordem axiológica jurídico-constitucional"[105] e, por essa razão, justifica-se a restrição da liberdade individual – caso sejam ameaçados, feridos ou lesionados. Percebe-se então que a legitimação do Direito Penal – mesmo em uma matéria sensível e de vital estratégia para a continuidade da vida humana, como é o caso da área ambiental – necessita do preenchimento de requisitos constitucionais para a sua legitimidade, uma vez superada a fase do positivismo jurídico como fonte, por si só, da produção legislativa. Isso tudo designa que, minimamente, a partir do arcabouço constitucional brasileiro (seja do pon-

---

[103] STRECK, Lenio Luiz. Neoconstitucionalismo, positivismo e pós-positivismo. In: FERRAJOLI, Luigi; STRECK, Lenio Luiz; TRINDADE, André Karam (Org.). *Garantismo, hermenêutica e (neo)constitucionalismo um debate com Luigi Ferrajoli*. Porto Alegre: Livraria do Advogado, 2012. p. 76-77.
[104] D'AVILA, Fábio Roberto. Direito Penal e direito sancionador: obre a identidade do Direito Penal em tempos de indiferença. *Revista Brasileira de Ciências Criminais*, São Paulo, n. 60, p. 9-10, maio/jun. 2006.
[105] Ibid., p. 26.

to de vista de Ferrajoli, seja de acordo com a visão de Streck) haverá de existir um bem jurídico dotado de interesse penal cujo conteúdo se harmonize com os dizeres constitucionais, a fim de possibilitar ao Legislador a criação do tipo penal adequado – ou, ao Julgador, a interpretação conforme a Constituição.

Na esteira do pensamento de Figueiredo Dias, mesmo que durante muito tempo o positivismo legalista induziu a ideia de que crime será tudo aquilo que o Legislador considerar como tal, uma concepção que abrace essa ideia nessa época histórica, de relevante e consistente desenvolvimento constitucional de elevação das garantias individuais, é totalmente inaceitável e inútil.[106] Dizendo de outro modo, se a herança de um Direito Penal calcado na dignidade da pessoa humana deve prevalecer e estar atenta às liberdades e às garantias fundamentais, o espaço discricionário do Legislador para a criação de normas penais não é totalmente livre, e deve se afastar da construção de normas de mera violação do dever ou se fundamentar na vontade legislativa de incriminação, para privilegiar, sob a pena de inconstitucionalidade, leis de proteção ao bem jurídico dotado de dignidade penal e em harmonia com a ordem constitucional.

Entretanto, não basta somente a observância do critério exposto para a possibilidade de aplicação do Direito Penal; é preciso o preenchimento, em um segundo momento, de alguma ofensividade ao bem jurídico, pois seria absolutamente incongruente admitir como premissa um Direito Penal que somente possa se traduzir como proteção aos bens jurídicos e desprezar o critério de ofensividade para a caracterização de um tipo penal.[107]

De fato, o bem jurídico é peça fundamental nesse tabuleiro, visto que representa a proteção precípua com que o Direito Penal deve se ocupar, ao se contrapor aos eventuais interesses do Estado em punir a desobediência ou os atos de rebeldia, tratando-se de um relevante conceito a ser observado como forma de somente permitir e reconhecer como legítimas as normas penais que estejam de acordo com o Estado Democrático de Direito. É, portanto, sobre o bem jurídico que versam as reflexões redigidas a seguir.

---

[106] FIGUEIREDO DIAS, Jorge de. *Direito Penal*: parte geral. Coimbra: Coimbra Editora, 2002. t. 1, Questões fundamentais: a doutrina geral do crime, p. 106-107.

[107] D'AVILA, Fábio Roberto. O ilícito penal nos crimes ambientais: algumas reflexões sobre a ofensa a bens jurídicos e os crimes de perigo abstrato no âmbito do Direito Penal Ambiental. *Revista do Ministério Público do Rio Grande do Sul*, Porto Alegre, n. 75, p. 14, 2014. Edição especial.

2.2.3. O bem jurídico-penal como forma de limitação material à produção do Direito Penal

O Direito Penal, inspirado na filosofia iluminista e formado originalmente na segunda metade do século XVIII e início do século XIX, teve a sua construção histórica voltada à tutela dos direitos subjetivos contra as intervenções estatais arbitrárias que caracterizavam o *Ancien Regime*, o que desenvolveu um conjunto de ideias limitadoras e criou um arcabouço universal histórico e estruturado em valores considerados, até a atualidade, como essenciais ao ser humano, como dignidade, liberdade e justiça.[108] O pensamento pode ser traduzido pelo racionalismo e pela doutrina jurídico-política do individualismo liberal – cujas teses principais versavam sobre a função exclusivamente protetiva do Direito Penal e os princípios da intervenção mínima e da necessidade.[109] Portanto, cumpre clarificar que as raízes filosóficas e jusfilosóficas do Direito Penal se situam nesse momento histórico da humanidade, e que as correntes filosóficas posteriores – como o neo-hegelianismo e o neokantismo – apenas ampliaram a fonte original do Iluminismo.[110] Em um tempo em que não se confiava no poder punitivo do Estado, que representava a materialização da violência contra o indivíduo, o Direito Penal da tradição liberal e garantista tinha a missão de assegurar a proteção aos bens jurídicos e, ao mesmo tempo, de servir de garantia para a liberdade do cidadão contra a intervenção estatal.[111]

Para a época de atuação e para os problemas que pretendia enfrentar, a ciência penal se estruturou sobre pilares interessantes de funcionamento, que resolviam – ao menos, juridicamente – o autoritarismo do Estado. Hassemer aponta que vem à baila, então, o problema da legitimação do Direito Penal positivo, salientando, é claro, que a filosofia iluminista comporta diferentes concepções em seus pormenores, mas que as mudanças posteriores somente delinearam os espaços, atribuindo crucial importância às Filosofias Iluministas, uma vez que o fim das certezas de um direito natural, que era, em verdade, a filosofia política do iluminismo, exacerbou

---

[108] GOMES, Luiz Flávio. Direito Penal tradicional versus "moderno e atual" Direito Penal. *Revista Brasileira de Ciências Criminais*, São Paulo, v. 11, n. 42, p. 237, jan. 2003.
[109] PISA, Adriana. Direito Penal X Sociedade de risco de Ulrich Beck: uma abordagem crítica. *Revista de Direito Ambiental*, São Paulo, v. 54, p. 9, abr. 2009.
[110] HASSEMER, Winfried. *Direito Penal*: fundamentos, estruturas, política. Trad. Adriana Beckman Meirelles e outros. Porto Alegre: Sérgio Antônio Fabris, 2008. p. 34-35.
[111] GOMES, Luiz Flávio. Direito Penal tradicional versus "moderno e atual" Direito Penal. op. cit., p. 237.

os perigos que o Direito Penal representava para a liberdade dos cidadãos. Desta forma, iniciou-se uma busca sistêmica para outros pontos de legitimação, pois como justificar um direito positivo que impõe sanções e limitações individuais se inexiste um direito suprapositivo?

O Direito Penal passou então a ser "o guardião das fronteiras da renúncia à liberdade absoluta pactuada no contrato social", e os destinatários potenciais do direito punitivo se tornaram interlocutores das novas ideias, porque "a justificação de uma ordem jurídica não poderia mais vir 'de cima', ela precisava vir 'de baixo'".[112] Em que pese o inegável avanço proporcionado pelo Iluminismo – que, por exemplo, abandonou a ideia do sistema carcerário antigo, que vislumbrava nas prisões um local apenas para prender o homem, e não para puni-lo – é oportuno observar que a mudança de concepção coincide com o exposto sobre os anseios da burguesia, que ainda não havia galgado o poder político e necessitava de garantias legais para a sua própria segurança.[113]

Em termos de legitimidade, porém, se consolida a ideia esboçada na primeira parte do parágrafo anterior. A legitimação do direito punitivo estatal abandona a tese de um direito natural suprapositivo e agora se estrutura no paradigma de que o pacto social somente pode conduzir para a premissa de que ao Estado é dado o direito de tomar o mínimo possível de cada pessoa em seus direitos e em suas liberdades, e somente naquelas circunstâncias que se revele indispensável ao funcionamento da comunidade ou, em melhores palavras, a regra do Estado Democrático de Direito é de intervenção mínima nos direitos e nas liberdades individuais, estando legitimado para assim agir quando – e se – essa medida seja imprescindível aos direitos e às garantias fundamentais dos outros e da sociedade em geral.[114] Por isso, para que uma conduta seja considerada típica no âmbito penal, deve afetar um bem jurídico,[115] pois mesmo que o

---

[112] HASSEMER, Winfried. *Direito Penal*: fundamentos, estruturas, política. Trad. Adriana Beckman Meirelles e outros. Porto Alegre: Sérgio Antônio Fabris, 2008. p. 35.

[113] RUSCHE, Georg; KIRCHHEIMER, OTTO. *Punição e estrutura social*. Trad. Gizlene Neder. Rio de Janeiro: Revan, 2004. p. 94-110.

[114] FIGUEIREDO DIAS, Jorge de. *Direito Penal*: parte geral. Coimbra: Coimbra Editora, 2002. *t.* 1, Questões fundamentais a doutrina geral do crime. p. 123.

[115] O conceito de bem jurídico é altamente variável na doutrina. Nesse sentido, analisando os conceitos históricos do bem jurídico e as suas vertentes, ver TAVARES, Juarez. *Teoria do injusto penal*. 2. ed. Belo Horizonte: Del Rey, 2002. p. 181-186. Entre diversas outras conceituações, pode-se citar que "bem jurídico vem a ser um ente (dado ou valor social) material ou imaterial haurido do contexto social, de titularidade individual ou metaindividual reputado como essencial para a coexistência e o desenvolvimento do homem e, por isso, jurídico-penalmente

delito seja algo mais que a lesão a um bem jurídico, o perigo/lesão é indispensável para configurar a tipicidade, sendo que esta estrutura desempenha um papel fundamental na teoria do tipo.[116]

Hassemer critica a perspectiva de que a função do Direito Penal visa à proteção de bens jurídicos, considerando inalcançável o objetivo de saber em que consiste a *real* proteção de bens jurídicos, já que, para tanto, deveria se definir, com maior precisão possível, o que seja um bem jurídico – e tal conceito não há, já que, desde o início, quase nada pôde avançar contra o interesse político-criminal, em suas tentativas de ampliar a criminalização, além do interesse acadêmico que emprega o conceito de bem jurídico, muito menos em tom crítico, e muito mais em tom sistematizador.[117] Contudo, a visão de estar a legitimidade do Direito Penal vinculada ao conceito de bem jurídico encontra vozes correntes predominantes na doutrina, que a mensuram como critério seguro de verificação da legitimidade do direito positivo repressivo.

Silva Sanches refere, por exemplo, que o Direito Penal é "um instrumento qualificado de proteção de bens jurídicos especialmente importantes" e a eventual ampliação deve obedecer "ao menos em parte [...] a aparição de novos bens jurídicos – de novos interesses ou de novas valorações de interesses preexistentes".[118] Figueiredo Dias, concordando parcialmente com Hassemer, aduz que, embora o conceito de bem jurídico seja uma noção central na limitação do poder punitivo do Estado, não pôde, até o presente momento, ser determinada, com segurança, como significado fechado e definitivo. Todavia, nos dias atuais, existe um consenso mínimo sobre o seu núcleo essencial, sendo que se poderia defini-lo como "a expressão de um interesse, da pessoa ou da comunidade, na manutenção ou integridade de um certo estado, objeto ou bem em si mesmo socialmente relevante" – e, por essa razão, reconhecido juridicamente como valioso. Ademais, o penalista dá eco às críticas de Hassemer que, em verdade, diz que tal conclusão somente se alcançou após uma evolução muito longa, que sempre foi acompanhada

---

protegido. E, segundo a concepção aqui acolhida, deve estar sempre em compasso com o quadro axiológico (Wertbild) vazado na Constituição e com o princípio do Estado Democrático e Social de Direito". PRADO, Luiz Regis. *Curso de Direito Penal brasileiro*. 9. ed. São Paulo: Revista dos Tribunais, 2010. v. 1, p. 259-260.

[116] ZAFFARONI, Eugenio Raúl; PIERANGELI, José Henrique. *Manual de Direito Penal brasileiro*: parte geral. São Paulo: Revista dos Tribunais, 1997. p. 465.

[117] HASSEMER, Winfried. *Direito Penal*: fundamentos, estruturas, política. Trad. Adriana Beckman Meirelles e outros. Porto Alegre: Sérgio Antônio Fabris, 2008. p. 224-225.

[118] SÁNCHEZ, Jesús-Maria Silva. *A expansão do Direito Penal*. Trad. Luiz Otavio de Oliveira Rocha. 2. ed. São Paulo: Revista dos Tribunais, 2002. p. 27.

por dúvidas e por controvérsias, pontuada por claros avanços e por retrocessos, e que, ainda nos dias atuais, não pode considerar todos os empecilhos teóricos como superados.[119]

Roxin, no intuito de elucidar o que se entende por bem jurídico e de onde resulta a restrição do Direito Penal à proteção de ditos bens, argumenta que as "fronteiras da autorização de intervenção jurídico-penal devem resultar de uma função social do Direito Penal. O que está além desta função não deve ser logicamente objeto do Direito Penal". Dessa feita, sendo uma das funções do Direito Penal assegurar aos cidadãos uma existência pacífica, livre e socialmente segura – tendo em vista que, desde a concepção ideológica do contrato social houve a transferência para os legisladores da intervenção jurídico-penal – se não puder ser garantida com outras medidas que afetem, em menor escala, a liberdade de todos, é legítima a intervenção penal-estatal que equilibradamente valide a proteção necessária estatal, como também a liberdade individual possível.[120]

Por conseguinte, partindo do modelo teórico do Estado Democrático de Direito, o pensador detecta que configura objetivo das normas jurídico-penais garantir aos cidadãos a vida em sociedade pacífica e livre, sob o manto dos direitos humanos, cabendo ao Estado, além de propiciar a validade por meio de instrumentos jurídico-penais, também construir e manter instituições estatais adequadas para perseguir tais finalidades, quando não se possa alcançá-las por meios diferentes.[121] A partir dessas premissas, complementa o seu raciocínio e sintetiza o conceito que determina serem todos os objetos legítimos de proteção de norma considerados como bens jurídicos,[122] esclarecendo que "eles não são elementos portadores

---

[119] FIGUEIREDO DIAS, Jorge de. *Direito Penal*: parte geral. Coimbra: Coimbra Editora, 2002. t.: Questões fundamentais a doutrina geral do crime, p. 114.

[120] ROXIN, Claus. *A proteção de bens jurídicos como função do Direito Penal*. Org. e Trad. André Luís Callegari e Nereu José Giacomolli. 2. ed. Porto Alegre: Livraria do Advogado, 2009. p. 16-18.

[121] Ibid., p. 17-18.

[122] Cabe salientar que o Claus Roxin, sempre partindo da premissa de que o bem jurídico também traça limites ao Legislador, como vimos supra, conclui que este não possui a discricionariedade para legislar como quer, e sintetiza, a partir daí, as restrições que julga as mais importantes na formulação das normas incriminadoras. Assim sendo, começa por aquelas que estão motivadas, unicamente, por motivos ideológicos ou que atentem contra os Direitos Fundamentais e humanos. Em segundo lugar, sustenta que a "simples transcrição do objeto da lei não fundamenta um bem jurídico", uma vez que é preciso analisar se a regulação diminui a coexistência livre e pacífica dos homens, para, em seguida, complementar que os atentados contra a moral não são suficientes para a justificação de uma norma penal, uma vez que, se eles não diminuem a segurança e liberdade de alguém, não há lesão de bem jurídico. Além

de sentido como frequentemente se supõe – se eles fossem, não poderiam ser lesionados de nenhum modo – mas circunstâncias reais dadas: a vida, a integridade corporal". Logo, como corolário natural do raciocínio, sublinha que os "direitos fundamentais e humanos, como o livre desenvolvimento da personalidade, a liberdade de opinião ou religiosa, também são bens jurídicos".[123]

É o pressuposto de Jakobs o mais criticado pela corrente majoritária da doutrina – defensora da posição de que o bem jurídico limita a produção do Direito Penal – uma vez que, para o estudioso alemão, a função do Direito Penal não está necessariamente vinculada à proteção de bens jurídicos. Isso porque define como bem a ser protegido pelo Direito Penal "a solidez das expectativas normativas essenciais frente à decepção, solidez esta que se encontra coberta pela eficácia normativa posta em prática", complementando que, na sequência, o mesmo bem será denominado como bem jurídico penal.[124] Em suma, a legitimação material do Direito Penal se vincula à sua necessidade para garantir as expectativas normativas essenciais diante de condutas que expressam comportamen-

---

disso, analisando a legislação alemã, aponta que o atentado contra a própria dignidade humana não caracteriza uma lesão ao bem jurídico, bem como a proteção de sentimentos "somente pode ter-se como proteção de bens jurídicos tratando-se de sentimentos de ameaça", uma vez que ao Estado cabe assegurar aos cidadãos uma vida em sociedade livre do medo, não sendo função do Direito Penal se essa proteção de sentimento ultrapassar o exposto, pois o "homem moderno vive numa sociedade multicultural na qual também a tolerância frente a concepções do mundo contrárias à própria é uma das condições de sua existência". Condenando a previsão da legislação alemã – que prevê a punição na participação no suicídio – Roxin defende que a autolesão consciente não legitima a sanção punitiva, "pois a proteção de bens jurídicos tem por objeto a proteção frente à outra pessoa, e não frente a si mesmo". Por outro lado, as chamadas leis simbólicas, ou seja, aquelas que não buscam a proteção do bem jurídico, tampouco são necessárias para a vida em sociedade e também não podem servir de parâmetro para a regulação legítima de comportamentos na área criminal, além da reprovação penal a tabus, pelo mesmo motivo de não serem bens jurídicos, como é o caso do incesto, além dos "objetos de proteção de uma abstração incompreensível", por também não serem bens jurídicos na concepção do conceito, deixam de ser formas idôneas de normas incriminadoras, visto que a primeira visa a má formulação da prole, motivo essencial para evitar-se a relação sexual entre irmão e irmã de comum acordo não é motivo suficiente para a criminalização, seja porque quase nunca essas relações resultam em filhos, seja porque os filhos sofrem mal-formações em casos raros, seja porque ao Estado não é dado o direito de evitar danos hereditários, pelo respeito à esfera privada humana. Quanto ao segundo caso, a redação defeituosa impede o reconhecimento de bens jurídicos na abstração, como é o caso de perturbações à paz pública, cuja descrição insuficiente necessariamente será completada por um juízo de valor fundado empiricamente, afastando-se do bem jurídico concreto. Ibid., p. 20-24; ROXIN, Claus. *Derecho Penal*: parte general. Trad. Diego-Manuel Luzón Peña e outros. Madri: Civitas, 2003. t. 1, Fundamentos: la estructura de la teoría del delito, p. 52-57.

[123] Ibid., p. 18.

[124] JAKOBS, Günter. *Tratado de Direito Penal*: teoria do injusto penal e culpabilidade. Trad. Gercélia Batista de Oliveira Mendes e Geraldo de Carvalho. Belo Horizonte: Del Rey, 2008. p. 61-62.

to incompatível com a norma correspondente, e a prevenção geral positiva serve para que se preserve e se mantenha a confiança na correção de uma norma.[125]

Segundo Jakobs, dentro da perspectiva que chama de prevenção geral positiva, pretende-se entender a aplicação da pena voltada para todos os membros da sociedade – que são potenciais vítimas das condutas – para reafirmar a validade da norma violada, ao contrário de se pensar (como comumente e intuitivamente se faz) que a imposição da pena está dirigida aos potenciais autores da infração, no intento de desencorajá-los a praticar/repetir a conduta violadora. Acrescenta o penalista alemão que não é toda modificação prejudicial a um bem, enquanto fato, que interessa ao Direito Penal, pois somente o comportamento humano valorado positivamente no sentido de ter-se imputado ao agente uma escolha de comportamento de desobediência à norma que tem relevância ao Direito Penal. Isso quer dizer que "não é a causação de uma morte que configura lesão de um bem jurídico-penal (trata-se da mera lesão de um bem), mas a desobediência normativa", contida no homicídio evitável, pois é este que contém a quebra de expectativa no conteúdo da Lei.[126]

Vislumbra-se inclusive uma nova classe de delitos, cuja proteção direta é a paz social, e que não apresenta a tutela intermediária de nenhum bem jurídico, e a compreensão do fim da norma como orientada à proteção de bens jurídicos seria absolutamente inapropriada.[127]

Em que pese interessante e atraente o ponto de vista de Jakobs, constata-se que a observação de Roxin sobre o estudo de seu conterrâneo é pertinente, em virtude de, mesmo considerando a partida conceitual diversa, a posição de Jakobs não apresenta diferenças significativas em relação à doutrina que pressupõe a lesão ou a ameaça a bens jurídicos como barreira para a positivação do Direito Penal.[128] E não há como negar, em que pese a congruência do pensamento de Jakobs dentro de seu sistema de imputação objetiva, que a doutrina majoritária entende como verdadeira missão do Direito

---

[125] RAMOS, Enrique Peñaranda; GONZÁLEZ, Carlos Suárez; MELIÁ, Manuel Cancio. *Um novo sistema do Direito Penal*: considerações sobre a teoria da imputação objetiva de Günter Jakobs. Trad. André Luís Callegari e Nereu José Giacomolli. 2. ed. Porto Alegre: Livraria do Advogado, 2013. p. 15-16.

[126] JAKOBS, Günter. *Tratado de Direito Penal*: teoria do injusto penal e culpabilidade. Trad. Gercélia Batista de Oliveira Mendes e Geraldo de Carvalho. Belo Horizonte: Del Rey, 2008. p. 63.

[127] RAMOS; GONZÁLEZ; MELIÁ, op. cit., p. 40.

[128] Ibid., p. 39.

Penal a proteção de bens jurídicos,[129] o que os tornam importantes limitadores na produção jurídica de leis penais.

Nesse panorama, reavivando as conclusões já expostas, para que uma conduta seja típica, necessariamente ela terá de conter um mínimo de ofensividade ao bem jurídico, sob pena de caracterizar o *crime* bagatelar. Dito de outro modo e de maneira mais direta, não faz sentido – metodologicamente falando – o cuidado na produção de normas penais para que nasçam *somente* quando protejam os bens jurídicos, e até a exigência que assim se proceda para adquirirem o *status* de legítimas, para, quando se aplicar as mesmas normas sancionadoras ao caso concreto, seja dispensada a ofensa ao bem jurídico, o que é justamente o motivo da criação da própria norma punitiva que se pretende constitucional.

---

[129] CALLEGARI, André Luis. *Teoria geral do delito e da imputação objetiva*. 3. ed. São Paulo: Atlas, 2014. p. 14.

3. A tutela ambiental como uma finalidade fundamental dos estados constitucionais

Indubitavelmente, é sobre o meio ambiente que recaem as inúmeras preocupações da humanidade em uma sociedade de risco, a começar pela discussão premente promovida na Alemanha desde os anos de 1970, que questionava se a contribuição do Direito Penal para a tutela do ambiente era positiva ou contraproducente.[130] A partir daí, uma interessante construção dogmática mereceu atenção no corte necessário para o contexto do presente trabalho. Trata-se dos chamados *delitos acumulativos, cumulativos* ou *por acumulação* (em alemão, *Kumulationsdelikt*), no sentido da incriminação de condutas aparentemente insignificantes, mas que seriam reguladas pelo Direito Penal pela potencialidade de acumulação, o que consequentemente causa perigo de dano ao meio ambiente.

3.1. Delitos cumulativos: sua (des)importância

Nas palavras de Lothar Kuhlen – o primeiro estudioso que desenvolveu o conceito do *Kumulationsdelikt* – em caso de dificuldade aparente de criminalização de uma conduta pela falta de quantificação lesiva para o bem supraindividual (que é o meio ambiente), sustenta-se a legitimação da incriminação se esta conduta pudesse ser enquadrada como uma espécie de conduta cumulativa, o que significa partir do pressuposto de que se fosse praticada por um grande número de pessoas, o bem jurídico protegido estaria exposto a sério perigo de lesão, mesmo que a conduta individual, por si

---

[130] HASSEMER, Winfried. A preservação do ambiente através do Direito Penal. *Revista Brasileira de Ciências Criminais*, São Paulo, v. 6, n. 22, p. 28, abr. 1998.

só, seja insignificante para atingi-lo – como de fato, o é. Pela lógica de repetição – ou de acumulação – traria (potencialmente) o perigo necessário para legitimar, desde já, a atuação do Direito Penal.[131]

Kuhlen, em sua fundamentação teórica originária dos delitos cumulativos,[132] propôs uma nova categoria de crimes de perigo abstrato a fim de dispensar a necessidade de periculosidade geral com aptidão para lesar o bem jurídico tutelado, pois tal categoria de crime – a saber, os delitos cumulativos – se caracteriza justamente pela ausência de qualquer possibilidade da conduta em atingir o bem jurídico, ao menos a partir da análise da ação individual e isolada.[133] Resumidamente, falta ofensividade aos atos característicos dos delitos cumulativos, se analisados separadamente. A lógica proposta é característica de uma sociedade de risco em que a responsabilidade individual é ampliada para "abarcar eventos aos quais o agente não contribui de maneira relevante para a eclosão".[134] Entretanto, é justamente nessa irrelevância que se encaixa a cumulatividade, pois se a conduta fosse praticada por todos – ou em grande número – causaria lesão ou colocaria em perigo o objeto de tutela da norma.[135]

O que, em verdade, foi percebido por Kuhlen é que, devido à importância do meio ambiente inserido em uma sociedade de risco que não se preocupa com ele – e cuja prisão da teoria geral do crime ao curso causal impede a punição penal aos indivíduos que praticam pequenas condutas não recomendáveis ao meio ambiente e desprovidas de ofensividade ao bem jurídico –, se torna importante a nova classificação de condutas para abarcar aqueles casos em que ocorre um tipo de acumulação/repetição, desobrigando que a conduta individual lesione ou ameace o bem jurídico protegido pela norma, e sim apenas que ela (a ação) pertença a um grupo de condutas que, se realizadas por muitos, tenha potencialidade de lesionar ou de pôr em perigo o bem jurídico *meio ambiente*.

Nas observações de Dias, a ideia de acumulação possibilita que as ações individuais – que, por si só, são destituídas de ofensa

---

[131] GONÇALVES, Marcel Figueiredo. Sobre a fundamentação dos delitos cumulativos: alguns questionamentos. *Revista de Estudos Criminais*, São Paulo, v. 10, n. 36, p. 111, jan. 2010.

[132] KUHLEN, Lothar. Der Handlungserfolg der strafbaren Gewasserverunreinigung, apud ÁVILA, Fábio Roberto. *Ofensividade e crimes omissivos próprios* (contributo à compreensão do crime como ofensa ao bem jurídico). Coimbra: Coimbra Editora, 2005. p. 386.

[133] D'ÁVILA, Fábio Roberto. *Ofensividade e crimes omissivos próprios* (contributo à compreensão do crime como ofensa ao bem jurídico). Coimbra: Coimbra Editora, 2005. p. 387.

[134] LIMA, Vinicius de Melo. O princípio da culpa e os delitos cumulativos. *Revista do Ministério Público*. Porto Alegre, n. 63, p. 56, maio/set. 2009.

[135] D'ÁVILA, op. cit., p. 387-388.

ao bem jurídico, tampouco a danosidade é percebida publicamente – venham a ser imputadas criminalmente, pois é provável a sua "prática futura por um grande número, segundo o ponto de vista de um observador munido da melhor informação empírica, (e) poderão adquirir poder destrutivo".[136] Os denominados delitos por acumulação estão vinculados a um grupo restrito de casos em que, diferentemente dos tradicionais crimes de perigo abstrato, a conduta punível não está associada à perigosidade geral ou abstrata, pois são caracterizadas por ações isoladamente inofensivas em relação ao bem jurídico, objeto de proteção da norma penal. Nessa perspectiva, somente a partir da legitimação alcançada pela hipótese de acumulação, diante da prática por um grande número de pessoas, é que se tornaria danosa ao meio ambiente, e por isso justificaria a atuação, desde logo, do Direito Penal, sintetizada a ideia no pensamento *de onde iríamos parar, se todos fizessem o mesmo.*

Oliveira obtempera que o desenvolvimento da teoria de Kuhlen nasce de um caso concreto, que refletiu a ação de pequenas propriedades suinocultoras que lançavam dejetos na água em quantidade um pouco acima do permitido pelas regras administrativas. A partir disso, verificou-se que efetivamente não havia representatividade significativa nos poluentes lançados ao rio, e que cada uma das propriedades, com a sua conduta, não incidia no tipo penal conceituado como poluição das águas. Ocorre que a soma de todos esses poluentes despejados por todas as propriedades causava, sim, dano à qualidade da água pela lógica da acumulação.[137] Considerando-se o problema real e a possibilidade concreta de tal hipótese ocorrer em outras circunstâncias, desenvolve-se a ideia de punição das condutas individuais com a finalidade de preservação do meio ambiente – ou, em melhores palavras, de proteção do bem jurídico meio ambiente tutelado pela norma incriminadora – pois é um bem jurídico coletivo e merece ser desfrutado por toda a coletividade.

O nascimento dos delitos cumulativos somente encontra fundamento, tal como a ideia (renovada) dos crimes de perigo abstrato, pela existência de uma sociedade de risco,[138] uma vez que é com a

---

[136] DIAS, Augusto Silva. What if everybody did it? sobre a (in)capacidade de ressonância do Direito Penal à figura da acumulação. *Revista Portuguesa de Ciências Criminais*, Coimbra, ano 13, n. 3, p. 313, jul./set. 2003.

[137] OLIVEIRA, Ana Carolina Carlos de. A tutela (não) penal dos delitos por acumulação. *Revista Liberdades*, São Paulo, n. 14, p. 28, set./dez. 2013.

[138] REIS, Marco Antonio Santos. *Uma contribuição à dogmática dos delitos de perigo abstrato*. [S.l.], 2014. p. 15-16. Disponível em: <http://www.e-publicacoes.uerj.br/index.php/rfduerj/article/viewfile/1361/1149>. Acesso em: 17 fev. 2014.

extrema complexidade dos processos técnicos – cujos efeitos e consequências não se saiba ao certo quais sejam – que se fez aumentar a demanda por segurança. Em síntese, já que é inegável o progresso tecnológico, ele será aproveitado pela sociedade em seu lado positivo, e também em sua versão negativa, cujo significado está na criação de riscos com capacidade de gerar uma catástrofe global, sendo que afastada está a expectativa de que o próprio progresso terá o poder de se autorregular para restringir as possibilidades de perigo/dano aos bens jurídicos, tendo em vista que parte de outra lógica operacional, cabendo ao Direito a regulamentação de condutas. Em outros termos, "a revolução tecnológica em si, porém, não dará a resposta para estas indagações, mas tão-só (*sic*) a formulação de novas bases de comportamento ético individual-coletivo".[139]

Esse ponto é fundamental. O que preconiza Kuhlen em relação ao delito cumulativo somente pode ser lido se inserido na sociedade de risco a que está submetido e, por isso, a par das críticas que, em breve, enfrentará, apresenta-se como proposta de modernização/adequação do Direito Penal aos novos tempos. Isso porque a ciência jurídica não sabe como agir nessa quadra da história, em que os riscos com que a sociedade se depara cada vez mais aumentam a possibilidade de desencadear uma catástrofe sem precedentes, atingindo os bens coletivos. De mais a mais, com o fim da sociedade industrial, o fato é que se convive com uma sociedade massificada, global e altamente tecnológica, o que implica ser a conduta humana, na maioria das vezes, além de anônima, capaz de produzir riscos globais ou com potencialidade para tal fim, gerando perigo antes inimagináveis para os bens jurídicos, sem precisão exata do local em que se produziram, com alcance limitado pelo espaço, ou "em lugar largamente distanciados da acção que os originou" ou para eles contribuiu, acarretando como consequência, "pura e simplesmente, a extinção da vida".[140]

A situação em xeque inexistia na sociedade industrial, e os riscos para a existência individual ou em sociedade "ou provinham de acontecimentos naturais (para tutela dos quais o Direito Penal é absolutamente incompetente), ou derivavam de acções humanas próximas e definidas",[141] o que, para a contenção era suficiente a

---

[139] REIS, Marco Antonio Santos. *Uma contribuição à dogmática dos delitos de perigo abstrato*. [S.l.], 2014. Disponível em: <http://www.e-publicacoes.uerj.br/index.php/rfduerj/article/viewfile/ 1361/1149>. Acesso em: 17 fev. 2014.
[140] FIGUEIREDO DIAS, Jorge de. Direito Penal entre a "sociedade industrial" e a sociedade de risco. *Revista Brasileira de Ciências Criminais*, São Paulo, n. 33, p. 39, jan. 2001.
[141] Ibid., p. 39.

tutela dispensada aos bens jurídicos individuais, como vida, propriedade, patrimônio, dentre outros. Em se tratando de teoria, ao menos, o Direito Penal liberal se estruturava adequadamente para a proteção de tais bens jurídicos clássicos, quando atacados por condutas humanas individualizadas. Logo, não é viável analisar delitos cumulativos retirados do contexto histórico atual a que se pretende inseri-los. Ao contrário, é nessa sociedade de risco que se encontra o pano de fundo da (im)pertinência, visto que, segundo Figueiredo Dias, para a tutela de novos ou de grandes perigos criados nessa quadra da história – e que ameaçam as gerações futuras e de megadimensões – "não está o Direito Penal que cultivamos, de decidida vertente liberal, suficientemente preparado".[142]

Ademais, é fundamental observar que o conceito de acumulação pela doutrina jurídico-penal é apurado a partir de três características fundamentais: (a) a primeira delas é que se trata de um conceito dogmático que deve ser utilizado para a interpretação de alguns tipos penais, aproximando-se da adequação social – e não numa espécie própria de tipos incriminadores;[143] (b) a segunda característica marcante dos delitos por acumulação destaca que se referem exclusivamente aos bens jurídicos coletivos, que podem ser traduzidos por aqueles que, de maneira conceitual, fática ou jurídica, postulam que é impossível dividi-lo em partes e atribuí-las aos indivíduos;[144] (c) e, por fim, a relevância jurídico-penal da acumulação que deve, segundo os seus defensores, estar condicionada a duas situações determinantes. A primeira delas é a necessidade da prognose realista, por parte do Legislador, que mensura se é razoável a expectativa de que determinadas ações, praticadas em grande número, efetivamente têm o condão de causar dano ao bem jurídico, bem como se é possível prever, ao menos no campo da possibilidade, que ditas ações serão praticadas em número grande. Para tanto, deve-se valer do conhecimento fornecido pelas ciências empíricas, sendo a sua discricionariedade vinculada. A segunda situação determinante é que estão excluídas as ações individuais qualificadas

---

[142] FIGUEIREDO DIAS, Jorge de. Direito Penal entre a "sociedade industrial" e a sociedade de risco. *Revista Brasileira de Ciências Criminais*, São Paulo, n. 33, p. 39-40, jan. 2001.

[143] DIAS, Augusto Silva. What if everybody did it? Sobre a (in)capacidade de ressonância do Direito Penal à figura da acumulação. *Revista Portuguesa de Ciências Criminais*, Coimbra, ano 13, n. 3, p. 305-306, jul./set. 2003.

[144] ALEXY, Robert. Recht, Vernunft, Diskurs: Studien zur Rechtsphilosophie, apud DIAS, Augusto Silva. What if everybody did it? Sobre a (in)capacidade de ressonância do Direito Penal à figura da acumulação. *Revista Portuguesa de Ciências Criminais*, Coimbra, ano 13, n. 3, p. 305-306, jul./set. 2003.

como bagatela, ou seja, as condutas encontram limite de penalização baseado no princípio da insignificância.[145]

Resta mencionar ainda que a fundamentação teórica dos delitos cumulativos provém de duas fontes diferentes entre si, que se completam em seus fundamentos. A primeira – de uma teoria da sociedade calcada nos novos grandes riscos a que estamos submetidos – acentua o dano cumulativo como espécie de dano coletivo cujo resultado se alcança pela soma de um elevado número de pequenas lesões ao mesmo bem coletivo. A segunda – de uma filosofia moral, em que o indivíduo viola o dever de solidariedade que deve existir na vida em sociedade – realiza a sua contribuição singular para o efeito cumulativo[146] ou justificaria os delitos cumulativos o dever de cooperação social entre os membros da sociedade, pois, além da obrigação de não lesionar os bens jurídicos alheios, os indivíduos devem cooperar para que cada um possa desfrutar do que lhe é devido.[147] Um bom exemplo dessa circunstância, mesmo que não ofereça um tipo penal específico para a análise, é a figura do *free-rider*[148] – ou *free-loader* – oriunda da teoria econômica e da

---

[145] DIAS, Augusto Silva. What if everybody did it? Sobre a (in)capacidade de ressonância do Direito Penal à figura da acumulação. *Revista Portuguesa de Ciências Criminais*, Coimbra, ano 13, n. 3, p. 308-309, jul./set. 2003.

[146] Ibid., p. 310-311.

[147] WOHLER, Wolfgang. Teoria del bien jurídico y estructura del delito. Sobre los criterios de uma imputación justa. In: HEFENDEHL, Roland (Ed). *La teoria del bien jurídico*: fundamento de legitimación del derecho penal o juego de abalorios dogmático? Madri: Marcial Pons, 2006. p. 300.

[148] Aqui é preciso uma pausa para explicar as razões de incluir a figura do *free-rider* em um trabalho que, em última análise, pretende tratar da questão ambiental. E a ligação está centralizada na ideia de bens coletivos, cujo raciocínio do *free-rider*, por ser de fácil compreensão, pode ser transportado para a questão ambiental. Alan analisa criteriosamente a situação, quando trata de outro bem (que ele entende ser coletivo), que é a probidade administrativa, verbis: "Principiando-se a análise de tudo sob a perspectiva econômica, convém recordar que a produção dos bens individuais de apreciação quantificável é custeada justamente por sua distribuitividade e sua rivalização. Ou seja, para os casos dos bens assujeitados à apropriação – um veículo, uma casa e assim em diante – a sua produção se estabelece porque há um determinado sujeito disposto a pagar para possuí-los. No mais, considerando-se que sua utilização é individual e, portanto, rivalizante, haverá sempre a necessidade de que se produzam mais e mais carros e casas, tudo a atender a demanda crescente. No caso dos bens coletivos, novamente essa lógica há de ser invertida. Assim se dá porque no caso dos bens não distributivos, não há como se dividir o custo de produção por entre os que utilizarão o bem. Haverá um custo total ao grupo e uma utilização total. Afora isso, depois de produzido o bem, a utilização de um não impedirá o aproveitamento dos demais. Considerando esse esquema de pensamento, evidencia-se a lógica de que todos os integrantes do grupo têm – ou teriam – a obrigação moral de suportar o custo da produção do bem, uma vez que todos haverão de aproveitá-lo. Todavia, nas situações em que um dos indivíduos do grupo se esquiva de se sujeitar ao pagamento dos custos não há como se lhe privar da fruição [...]. De modo a colocar todo o problema de uma maneira muito simples, basta se diga que se todos os integrantes do grupo responsáveis por custear a produção do bem jurídico coletivo resolverem não mais o fazer, a fruição deixará de ser possível. Então, para que haja um contexto possível de utilização

filosofia moral. O exemplo envolve o viajante sem bilhete, que se vale da responsabilidade e da conduta dos demais, que pagam devidamente pelo serviço, para auferir vantagem egoística e indevida, desprezando qualquer sentimento de solidariedade, e "seu agir demonstra inequívoco desvalor moral, desconsiderando as estruturas normativas do reconhecimento recíproco".[149] Dessa forma, Kuhlen pondera a necessidade de imposição de uma pena criminal legitimada, porque, embora a conduta individualmente analisada cause pouquíssima lesividade ao bem jurídico, a reiteração de pequenas contribuições traria desastre aos bens coletivos estrategicamente fundamentais à sobrevivência humana.

Poderia se argumentar, inclusive, no caso da atuação de empresas na poluição ambiental, em que se praticam pequenas lesões ao bem jurídico para melhorar a produção de qualquer bem de consumo, a eventual aplicação do Direito Administrativo sancionador para referidos tipos de conduta não alcançaria o resultado esperado, uma vez que, em uma sociedade capitalista, se faria um simples cálculo acerca do risco de autuação administrativa em relação ao lucro com a exploração do meio ambiente, e as eventuais multas e sanções administrativas seriam incorporadas ao orçamento das empresas – inclusive, sendo repassadas aos clientes/consumidores na futura venda dos produtos, deixando de inibir as condutas indesejadas.[150]

No entanto, o ponto é altamente controvertido na doutrina. Há várias críticas sobre a possibilidade de visualização de delitos cumulativos, e, portanto, a utilização do Direito Penal para a tutela de tais condutas, haja vista a falta de ofensividade ao bem jurídico, dentre tantos outros problemas dogmáticos – que, por sinal, alguns serão citados, mas sem aprofundamento necessário por absoluta falta de espaço e por desvio do objetivo da presente pesquisa – deslegitimaria a atuação do Direito Penal em um retrocesso secular, em que a mera desobediência seria o suficiente para a aplicação de medidas coercitivas penais. Em melhores termos, evita-se a instrumentalização do Direito Penal para a punição de condutas meramente

---

de determinado bem coletivo, pode-se até suportar a existência de alguns borleiros. Todavia, caso a borla se transforme em regra, restará inviabilizado o aproveitamento de qualquer bem coletivo". ALAN, José Alexandre da Silva Zachia. *A corrupção e a tutela penal dos bens coletivos.* Porto Alegre: Sérgio Antônio Fabris, 2015. p. 146-147.

[149] LIMA, Vinicius de Melo. O princípio da culpa e os delitos cumulativos. *Revista do Ministério Público*, Porto Alegre, n. 63, p. 57, maio/set. 2009.

[150] OLIVEIRA, Ana Carolina Carlos de. A tutela (não) penal dos delitos por acumulação. *Revista Liberdades*, São Paulo, n. 14, p. 30, set./dez. 2013.

imorais pelo perigo que apresenta tal tipo de comportamento[151] – além, é claro, da contestada constitucionalidade de assim agir.

Lima, além de lembrar que a figura do *free-rider* se assemelha – mas não é idêntica – a dos delitos cumulativos, demarca a pertinência da conjugação de fatores para possibilitar o pensar na figura penal do *free-rider*, o que se aproxima dos *Kumulationsdelikt*, que sintetizam a demonstração que o indivíduo, com a sua prática egoística, alcança um benefício injusto à custa da colaboração dos demais membros da sociedade, além da verificação de que se tal comportamento de vantagem for cometido por um grande número de pessoas, colocará em perigo o bem jurídico coletivo. Nisso reside a questão da incriminação (não superada), ou seja, a repetição e a multiplicação de comportamentos de tal natureza, que podem, inclusive, ser cometidos pelo hábito – e não por uma visão parasita.[152]

Para Reis, corre-se o risco de criminalização da bagatela – ou a transformação do injusto individual em coletivo – já que necessariamente haverá condutas de terceiros contribuindo para o fato típico, e a eventual (in)utilidade do Direito Penal para promover o processo de reeducação e de conscientização da sociedade.[153] Por outro lado, Feinberg e Wohlers, citados por Dias, mencionam que a ausência de punição fará com que o infrator obtenha ganho "enquanto (que) os cumpridores das normas, não obstante a sua supremacia moral, sofrem uma perda".[154] Advogam ainda que há inversão de valores, pois a desonestidade é compensada e propaga a ideia de que infringir regulações sociais compensa, violando o princípio de que todos têm direitos iguais e que "a legitimidade da sanção penal respectiva reside precisamente no restabelecimento da igualdade jurídica perturbada".[155] Isso significa que se alcança a vantagem injusta à custa das pessoas que cumprem e respeitam as regras, criando desse modo uma situação de desigualdade social que, dada a consagração do princípio da igualdade, no momento em que passa

---

[151] OLIVEIRA, Ana Carolina Carlos de. A tutela (não) penal dos delitos por acumulação. *Revista Liberdades*, São Paulo, n. 14, p. 33, set./dez. 2013.

[152] LIMA, Vinicius de Melo. O princípio da culpa e os delitos cumulativos. *Revista do Ministério Público*, Porto Alegre, n. 63, p. 57-58, maio/set. 2009.

[153] REIS, Marco Antonio Santos. *Uma contribuição à dogmática dos delitos de perigo abstrato*. [S.l.], 2014. p. 15-16. Disponível em: <http://www.e-publicacoes.uerj.br/index.php/rfduerj/article/viewfile/1361/1149>. Acesso em: 17 fev. 2014.

[154] DIAS, Augusto Silva. What if everybody did it? Sobre a (in)capacidade de ressonância do Direito Penal à figura da acumulação. *Revista Portuguesa de Ciências Criminais*, Coimbra, ano 13, n. 3, p. 316, jul./set. 2003.

[155] Ibid., p. 317.

a ser uma desigualdade jurídica, mereceria a sanção penal como resposta, justamente para a sua eliminação simbólica.[156]

Quanto às críticas dogmáticas que merecem visão rápida e despretensiosa – ao menos, nesta pesquisa, que não se propõe abarcar a análise detalhada da teoria geral do crime –, D'Ávila resume bem as diversas dificuldades que surgem com o conceito de delitos cumulativos, traçando quatro pilares fundamentais,[157] em que (i) o primeiro deles salienta que a questão dos delitos cumulativos violaria o princípio da culpa, que é o limite da responsabilidade penal, afinal, *nullum crimen sine culpa*,[158] sendo inviável, para fins de Direito Penal, atribuir sanção ao agente por comportamento inofensivo e apenas pela eventual cumulação, que envolve a participação de terceiros;[159] (ii) segundo, tem-se a inadequação do controle de grandes riscos, por meio do monitoramento de condutas individuais; (iii) em terceiro lugar, surge a leitura de que as condutas cumulativas não ofendem o bem jurídico e que, portanto, atingiriam o princípio da proporcionalidade; (iv) e, por último, como já abordado, trata, em verdade, da ampliação do Direito Penal para acolher as hipóteses de conduta de bagatela.[160]

Portanto, sendo a proteção ao meio ambiente tarefa indispensável ao Estado, os delitos cumulativos conglobam mais uma ferramenta à disposição do Direito para a árdua missão de preservação ambiental. E, para a utilização do Direito Penal como forma de tutelar esse tipo de conduta cumulativa, não basta somente acreditar que dita política criminal – e, por consequência, que o poder punitivo estatal, caso acolha a tese, tenha o condão de inibir as ações indesejadas, ou de forjar, ao longo do tempo, a consciência necessária à prevenção geral – no sentido de evitar as pequenas ações impróprias ao meio ambiente: é preciso, para se permitir a intervenção penal, antes de tudo, a superação (ou a conjugação) de seus princípios basilares ao novo modelo, sob pena da expansão da esfera punitiva

---

[156] DIAS, Augusto Silva. What if everybody did it? Sobre a (in)capacidade de ressonância do Direito Penal à figura da acumulação. *Revista Portuguesa de Ciências Criminais*, Coimbra, ano 13, n. 3, p. 317, jul./set. 2003.

[157] D'ÁVILA, Fábio Roberto. *Ofensividade e crimes omissivos próprios* (contributo à compreensão do crime como ofensa ao bem jurídico). Coimbra: Coimbra Editora, 2005. p. 390.

[158] TOLEDO, Francisco de Assis. *Princípios básicos de Direito Penal*. 5. ed. São Paulo: Saraiva, 1994. p. 86.

[159] LIMA, Vinicius de Melo. O princípio da culpa e os delitos cumulativos. *Revista do Ministério Público*, Porto Alegre, n. 63, p. 57, maio/set. 2009.

[160] D'ÁVILA, Fábio Roberto. *Ofensividade e crimes omissivos próprios*, op. cit., p. 390.

tornar-se, em verdade, um retorno a um modelo típico de Estado autoritário e sem as (consagradas) garantias constitucionais.

E os delitos cumulativos, na perspectiva de Kuhlen, não atendem aos requisitos mínimos de legitimidade penal, mesmo considerando a sua inserção na atual sociedade de risco globalizada. Primeiramente, a simples construção de normas penais pelo Legislador está condicionada à sua esfera de discricionariedade constitucional e, para tanto, deve proteger um bem jurídico dotado de dignidade penal. Admitindo-se, portanto – como se admite –, que o meio ambiente se enquadra nessa hipótese, esta é vista como insuficiente, por si só, para a legitimação da atuação do Direito Penal, já que é indispensável a ocorrência de ofensividade ao bem jurídico protegido, ou seja, é imprescindível que a conduta coloque em risco ou produza dano ao objeto da tutela da norma penal. No caso dos delitos cumulativos, tudo o que não há é a presença da ofensividade, já que a legitimidade da atuação do Direito Penal está focada na repetição de condutas que, se praticadas por um grande número, causariam finalmente – e potencialmente, no mínimo – a violação ao bem jurídico, seja na modalidade de dano, seja na modalidade de perigo. Em derradeiros termos, na proposta de Kuhlen, os tipos de acumulação se assemelham aos delitos de mera violação de um dever, uma vez que as condutas são inofensivas (!), e a legitimação da ofensa é oriunda da repetição de ações na forma de perigo abstrato, em uma leitura *ex ante* em relação aos bens coletivos.

Por outro lado, dada a dignidade do objeto de proteção (meio ambiente), é essencial que se estabeleçam os limites legítimos de atuação do Direito Penal e, assim, também que se determine o papel que lhe cabe no controle dos grandes riscos. Ademais, não há muitas dúvidas de que as condutas direcionadas à proteção ao meio ambiente devem, na maioria dos casos, serem preventivas das ações danosas, uma vez que causado o estrago ambiental, é praticamente impossível reverter o processo danoso ou retomar a situação anterior. É (era) sob essa perspectiva que se construía o viés atrativo dos *Kumulationsdelikt*, o que justamente evitaria a ocorrência do dano, estancando as possibilidades de ocorrência com a antecipação da tutela penal para esses casos, numa função que pode ser exercida legitimamente pelos crimes de perigo, desde que adequadamente compreendidos.

Nesse contexto histórico que se justifica – moral e juridicamente – os esforços para o aprimoramento dos conceitos de delitos na esfera ambiental, em que se sustenta uma construção dogmática para os crimes de perigo abstrato – mais estreita do que a proposta por Kuhlen, é verdade, mas que possui o desiderato de coibir as ações perigosas aos bens coletivos ambientais, também antes da sua ocorrência (dano), já que categorizadas como de perigo. E, nesse momento, antes de adentrar no que é a proposta mais estreita do que a sugerida pelo pensador alemão, calha rever a importância dos crimes de perigo, uma vez que se reforça a ideia de que se deve adequar/reler categorias penais ao tempo em que se está vivendo.

Nessa linha, enfatiza-se que os crimes de perigo não representaram, até a primeira Revolução Industrial, função preponderante em termos penais, pois como tudo estava muito apegado ao papel desempenhado pela causalidade, determinada causa geraria efeito – e causa e efeito devem ser controlados. Ocorre que o perigo não atua no campo de gerar, necessariamente, efeito no mundo físico, e, portanto, além de não poder ser controlado, não há uma regra que o possa traduzir concretamente. Desse modo, ou o dano aconteceria – e com ele, um critério seguro para exigir-se a punição criminal – ou o dano não aconteceria – e tudo seria visto como se nada tivesse ocorrido. Em suma, a alteração no mundo físico passava a segurança necessária para a comunidade visualizar o prejuízo causado e exigir a punição do autor da conduta. Destarte, mesmo que os cuidados e os perigos internos da comunidade existissem, eram relegados ao segundo plano pela necessidade de coesão interna, pois a atenção estava voltada aos cuidados e aos perigos oriundos dos inimigos. Os grandes perigos vinham das guerras, das doenças e das calamidades resultantes das catástrofes naturais – fatores que a comunidade interna não podia controlar, por estar além de suas vontades e de suas forças.[161]

Tais circunstâncias, aliadas a diversas outras que são impossíveis de elencar em sua totalidade, no contexto do presente trabalho, fizeram com que o perigo restasse esquecido como possibilidade de atuação do Direito Penal. O que rompe com o círculo e delega ao perigo maior importância dentro da comunidade interna são as modificações ocorridas após a primeira Revolução Industrial, em que a técnica, como fenômeno de massificação, forjou novos arranjos sociais e, por consequência, o direito foi instado para regulamentar as novas relações sociais e de trabalho. Isso ocorreu porque a técnica permite, além da massificação dos produtos, a própria massificação

---

[161] Para uma análise mais aprofundada, ver COSTA, José de Faria. *O perigo em Direito Penal*: contributo para a sua fundamentação e compreensão dogmáticas. Coimbra: Coimbra Editora, 2000. Especialmente o 6º Capítulo.

das pessoas, ou seja, o novo círculo vicioso que se apresentava era a produção de "[...] bens levada a cabo pela técnica impelir necessariamente ao fabrico de novos e acabados produtos técnicos que geram, obviamente, outros bens".[162] Em outras palavras, nota-se que a fábrica, a máquina e a observância da técnica criam novas situações para o Direito, que são produtoras de riscos – agora internos – o que levava a que se atentasse mais para que tais perigos não retundassem em danos para a integridade física ou a vida das pessoas. É lógico, como ocorre nos dias atuais, que os perigos gerados e que os eventuais danos eram tolerados pela enormidade de benefícios que a técnica trazia para a comunidade, porém, o que mudou significativamente nessa etapa – e trouxe a relevância do perigo para dentro do direito, de forma mais intensa – é que as fontes geradoras do perigo, doravante, eram fruto do desenvolvimento interno da própria comunidade.[163]

Além do que, a situação, com todas as variáveis peculiares ao desenvolvimento das civilizações e o distanciamento tempo-espaço, permanece até os dias atuais, pois é inegável que a produção aumentou potencialmente, e com ela cresceram os riscos inerentes à produção massificada – em outros termos e aspectos do ocorrido pós-Revolução Industrial – cuja semelhança reside na circunstância do perigo produzido pelo próprio homem é tolerado porque causa benefício à sociedade. É de fácil percepção que os crimes de dano ainda são os que se apresentam como de maior protagonismo no âmbito penal, mas, por diversas razões – dentre as quais, as supracitadas – se deve destacar o papel (relevante) que o perigo exerce na esfera do direito no atual contexto histórico. Por óbvio, à altura dos avanços da presente pesquisa, se torna inviável o desenvolvimento de todo o histórico dos crimes de perigo na literatura pátria e estrangeira, ao se pretender manter o rigor metodológico na centralização dos esforços no foco principal proposto desde o início.[164]

Em apertada síntese, pode-se definir o crime de dano como aquele em que é necessária a lesão efetiva ao bem jurídico prote-

---

[162] COSTA, José de Faria. *O perigo em Direito Penal*: contributo para a sua fundamentação e compreensão dogmáticas. Coimbra: Coimbra Editora, 2000. p. 343-345.

[163] Ibid., p. 343-345.

[164] Sobre o assunto, para uma pesquisa mais aprofundada. Vide D'AVILA, Fábio Roberto. *Ofensividade e crimes omissos próprios* (contributo à compreensão do crime como ofensa ao bem jurídico). Coimbra: Coimbra Editora, 2005; Costa, op. cit. Nas obras citadas, consta referência sobre o histórico e desenvolvimento dos crimes de perigo, inclusive com a citação de diversos outros autores, alemães e italianos, que escreveram sobre o tema, permitindo a visão panorâmica do desenvolvimento e da controvérsia da matéria, no âmbito da dogmática penal.

gido, e os crimes de perigo como aqueles em que a simples criação do perigo, sem a produção do dano, já é suficiente para a sua caracterização, sendo o elemento subjetivo o dolo de perigo, se quiser utilizar um critério da doutrina finalista da ação. O perigo ainda encontra uma subdivisão que, em linhas gerais, se mostra como concreto e abstrato. O primeiro é aquele em que precisa ser comprovado, ou seja, deve restar demonstrada a situação de risco para o bem jurídico protegido.[165] O perigo abstrato, para parte da doutrina, é presumido *juris et de jure*, ou seja, não precisa ser provado, pois a lei se contenta com a simples prática da ação que pressupõe perigosa.[166] Nessa tela, os crimes de perigo concreto "[...] representam a figura de um ilícito-típico em que o perigo é, justamente, elemento desse mesmo ilícito-típico, enquanto nos crimes de perigo abstracto o perigo não é elemento do tipo", mas somente a motivação do legislador.[167]

Contudo, não se trata da única forma de compreender os delitos de perigo abstrato. Muito pelo contrário. Há hoje inúmeras elaborações que propõem a recuperação material desta precisa forma de aparição do ilícito penal. Em verdade, respeitadas as particularidades dogmáticas, as condutas enquadradas como potenciais para os delitos cumulativos, na visão de Kuhlen, podem ser lidas sob a perspectiva dos delitos abstratos e, numa proposição mais apertada e constitucionalmente válida, desde que preenchidos outros requi-

---

[165] "Vimos que o ilícito-típico penalmente relevante encontra o seu fundamento em um perversão da relação onto-antropológica do cuidado-de-perigo. E, de certa maneira, a concreta proibição do pôr-em-perigo, específicos bens jurídicos é a transposição mais directa – se bem que, frise-se claramente, sempre de uma forma mediata – para a normatividade penal da primeva relação de cuidado-de-perigo. De forma translata e intencionalmente não rigorosa dir--se-ia que o eu que não assume essa relação originária vê a sua falta imediatamente reflectida no chamamento que a ordem jurídica lhe faz ao considerar que a relação de cuidado-de-perigo que não redunda em dano/violação, mas tão-só (*sic*) em perigo é, legitimamente, suficiente para punir. Por isso, de um jeito que não andará longe da verdade poderá defender-se que o verdadeiro fundamento dogmático dos crimes de perigo concreto está em uma exacta e adequada compreensão da relação de cuidado-de-perigo. Se abandonarmos o campo ontológico e fizermos ascender ao campo normativo aquela relação de cuidado-de-perigo fácil é de perceber, então, que é precisamente aí que podemos e devemos surpreender a razão de ser, a razão forte, dos crimes de perigo concreto. O legislador quer, sem dúvida, proteger um determinado bem jurídico e pode fazê-lo porque considera que o pôr-em-perigo é elemento bastante para justificar uma pena criminal". COSTA, José de Faria. *O perigo em Direito Penal*: contributo para a sua fundamentação e compreensão dogmáticas. Coimbra: Coimbra Editora, 1992. p. 622-623.

[166] BITENCOURT, Cezar Roberto. *Manual de Direito Penal*. São Paulo: Saraiva, 2000. v. 1, p. 146.

[167] É evidente que, a essa altura dos acontecimentos, uma definição simplista forjada desta forma apresenta seus problemas teóricos latentes, no sentido de que o perigo inexiste no caso de perigo abstrato, já que, sendo presumido, pode ou não ocorrer. E isso significa, em outros termos, uma possível ausência de ofensividade, cuja legitimidade da construção dogmática estaria calcada na falaciosa crença que, em nome da proteção de bens jurídicos teria que se punir condutas que não violam bens jurídicos. COSTA, op. cit., p. 620-621.

sitos cuja ofensividade é indispensável, se enquadram na noção de *cuidado-de-perigo*, em que o contexto no qual as condutas estão inseridas seria, se fosse o caso, a base legitimadora para a verificação da ofensividade penal. Vale salientar que somente se pode falar em ofensa de *cuidado-de-perigo* em possibilidade não insignificante "de dano ao bem jurídico à luz de um concreto contexto, pois é exatamente o contexto que, cotejado a partir da conduta típica, irá permitir a afirmação ou negação"[168] da possibilidade de perigo/dano ao bem jurídico, absolutamente indispensável para a configuração do delito, como se analisou, com mais vagar, quando se tratou da importância do bem jurídico na presente dissertação.

Com isso, a exigência constitucional de ofensividade legítima para validar a atuação do Direito Penal nos crimes de perigo – âmbito no qual estão situados os delitos cumulativos – impede de ser aceita a postura dogmática proposta por Kuhlen, a qual dispensa qualquer verificação da ofensa ao bem jurídico protegido, uma vez que a legitimação da intervenção penal se fomenta na premissa da repetição da ação pela lógica do grande número e a conduta individual é insignificante – e, justamente por tal motivo, é que precisa da legitimidade posterior, baseada no raciocínio de que *se todos fizessem igual*. A proposta ora apresentada, fundamentada na lição de D'Ávila, que retoma a construção hermenêutico-filosófica de Faria Costa a respeito do conceito de *cuidado-de-perigo*, se evidencia como totalmente diversa, ao permanecer considerando a ofensividade ao bem jurídico como fundamental para a legitimação da intervenção penal, só que a conduta é analisada a partir do contexto no qual se insere, cotejado com a ação típica que permitirá a verificação da possibilidade – ou não – de dano ao bem jurídico protegido e, portanto, da existência *ex ante* do perigo.

Seguindo o raciocínio, contando com uma relação de dependência absoluta da conduta com o contexto a que se insere é que se poderá constatar a possibilidade – ou não – de um dano, a partir, inclusive, da cumulatividade de ações como elemento contextual concreto e não hipotético, visto que os delitos ambientais se apresentam em um campo complexo, em que inúmeros fatores instáveis e incertos – mas talvez, prováveis – permitam a ocorrência da ofensa ao bem jurídico, na modalidade *cuidado-de-perigo*, a partir

---

[168] D'ÁVILA, Fábio Roberto. O ilícito penal nos crimes ambientais: algumas reflexões sobre a ofensa a bens jurídicos e os crimes de perigo abstrato no âmbito do Direito Penal Ambiental. *Revista do Ministério Público*, Porto Alegre, n. 75, p. 26-27, 2014.

da posição do bem jurídico.[169] A situação é absolutamente distinta da ocorrência da tradicional leitura dos crimes de perigo abstrato, como crimes de perigo presumido, ou de outras técnicas de incriminação que, desprovidas de ofensa, buscam fundamento na sua hipotética cumulatividade, já que, em relação à primeira hipótese (tradicional leitura de crimes de perigo abstrato), basta a adequação da conduta ao tipo penal, sem precisar se perquirir se o bem jurídico entrou na esfera da ação da conduta. Já na segunda hipótese (ações sem qualquer ofensividade e somente consideradas penalmente relevantes em razão da cumulatividade) não há estreita dependência do contexto em que as condutas estão envolvidas, o que, seja pela inofensividade, seja pelas outras causas já levantadas anteriormente, encontram um problema sério de legitimação na ciência do Direito Penal.

No caso em tela, a junção da categoria dos delitos cumulativos – não mais pela lógica da repetição, e sim, pela dependência absoluta do contexto em que foi produzida, como elemento para afirmar a possibilidade real do dano, em consideração à efetiva/concreta/atual prática por terceiros – revela, no atual estágio da ciência jurídico-penal em uma sociedade de risco aliada às preocupações ambientais, uma concepção a ser construída e consolidada. A ideia revitalizada se elucida com o comprometimento de resgatar, nos dizeres de D'Ávila, não apenas o significado *crítico-garantista* da concepção de ofensividade, mas também de observar o que se está defendendo desde o início do presente estudo – ou seja, categorias jurídico-penais dispostas a atender e a responder adequadamente aos desafios que o nosso tempo demanda.[170] Para iluminar a exposição, colam-se exemplos fornecidos por D'Ávila, em que o contexto em cotejo com a conduta típica faz toda a diferença na afirmação (ou na negação) da possibilidade de se enquadrar o ato praticado como legitimamente encaixado ao Direito Penal, justamente pela presença/ausência de ofensividade ao bem jurídico.

Imagine-se, então, um motorista que conduz o seu veículo em uma estrada de duplo sentido e decide realizar uma ultrapassagem em local proibido, com pouca visibilidade e pela faixa contrária. Três situações são facilmente perceptíveis e se encontram no campo dos eventos que podem acontecer, (i) na primeira hipótese, o carro

---

[169] D'ÁVILA, Fábio Roberto. O Ilícito penal nos crimes ambientais: algumas reflexões sobre a ofensa a bens jurídicos e os crimes de perigo abstrato no âmbito do Direito Penal Ambiental. *Revista do Ministério Público*, Porto Alegre, n. 75, p. 25-28, 2014.
[170] Ibid., p. 30-31.

em sentido contrário colide com o condutor imprudente, causando no acidente a morte do primeiro; (ii) na segunda hipótese, o carro em sentido contrário escapa da colisão e de qualquer dano, uma vez que, por habilidade do condutor que dirigia prudentemente, este consegue desviar do veículo contrário e evitar qualquer choque entre os automotores; e (iii) na terceira hipótese, também possível no campo da probabilidade, o condutor imprudente não encontra nenhum veículo em sentido contrário e completa a sua ultrapassagem, sem o menor risco para qualquer bem jurídico.[171] Analisando-se o caso, todas as situações, no mínimo, criam uma atmosfera de perigo que, por óbvio, se realiza diferentemente, pois se vincula à existência – ou não – do trânsito de outro veículo, em sentido diverso.

No entanto, ao contrário dos requisitos para o reconhecimento dos tipos penais que exigem perigo *in concreto*, cuja exigência é que o bem jurídico tenha efetivamente entrado no raio de ação da conduta perigosa, nos casos de perigo abstrato não há necessidade do juízo *ex ante* e *ex post*, e estará legítima a aplicação do Direito Penal se "o estágio em relação ao qual é legítimo prever como possível a ocorrência de um dano violação",[172] em uma visão anterior, tão somente aliada à possibilidade não insignificante de dano ao bem jurídico – mesmo que este, sob a perspectiva *ex post*, não tenha entrado na esfera de perigo. Como corolário, se, porventura, a estrada em sentido contrário estivesse fechada, a conduta do motorista imprudente – veja-se que ela permanece igual em todas as hipóteses levantadas! – configuraria um insignificante penal, já que faltaria o requisito mínimo para considerá-la típica – ou seja, a ofensividade, mesmo em uma perspectiva *ex ante*.[173]

---

[171] D'AVILA, Fábio Roberto. *Ofensividade e crimes omissos próprios* (contributo à compreensão do crime como ofensa ao bem jurídico). Coimbra: Coimbra Editora, 2005. p. 162-163.

[172] COSTA, José de Faria. *O perigo em Direito Penal*: contributo para a sua fundamentação e compreensão dogmáticas. Coimbra: Coimbra Editora, 1992. p. 583-584.

[173] Veja-se como na nossa Legislação pode-se aplicar os conceitos sumariamente aqui desenvolvidos, abeberando-se, mais uma vez, da análise de D'AVILA: "[...] o crime de extração não autorizada de minerais, previsto pela legislação ambiental brasileira (art. 44 da Lei 9.605/98). Em regra, os danos ambientais aqui relacionados dizem respeito, principalmente, à flora e à fauna – pela retirada da vegetação na abertura das bancadas e pela acumulação de rejeitos sobre espaços de mata nativa –, e à obstrução de corpos hídricos pelos rejeitos da extração. E a estes danos deve estar, necessariamente, relacionado o reconhecimento do ilícito-típico em questão. Ou seja, caso da extração não autorizada não advenha qualquer possibilidade não insignificante, ex ante verificada, de dano aos respectivos valores ambientais tutelados, afastado estará, de pronto, a existência do ilícito-típico de perigo abstrato, pela absoluta ausência de ofensividade, rectius de uma ofensa de cuidado-de-perigo. Afinal, a simples falta de autorização, por si só, não significa desacordo material com as exigências técnicas que permitiriam conferir a respectiva autorização, as quais, no caso concreto, podem muito bem ter

Outro excerto das lições de D'Ávila possibilita o desenvolvimento do raciocínio: imagine-se que um gás seja proibido porque projeta para a atmosfera determinado nível de poluição que afeta a camada de ozônio terrestre. Dessa forma, sob a pena de sanção – inclusive, criminal – todas as fábricas da região que, para viabilizar os seus meios de produção, expeliam o gás nocivo à atmosfera, se ajustam às regras estabelecidas e instalam filtros antipoluidores em suas empresas, deixando de liberar o produto químico. Ocorre que, depois de algum tempo, descobre-se, no meio de tal complexo industriário, que uma única fábrica não se adequou às exigências e deixou de colocar os filtros indicados para impedir a expulsão do gás, continuando então a produzir e a lançar na atmosfera o gás proibido. Dentro da perspectiva de perigo abstrato, em sua concepção tradicional, os requisitos para o reconhecimento da prática criminosa estariam absolutamente preenchidos, pois, sob a perspectiva formal, haveria a subsunção da conduta. Sob o prisma de Kuhlen, admitindo-se a regra da cumulatividade, se muitas fábricas praticassem tal ato, existiria dano ambiental pela lógica do grande número. Porém, embora a conduta tenha se mantido exatamente a mesma, e "teoricamente acumulável, o contexto no qual ela se produziu mudou. E é exatamente a mudança de contexto que *subtrai* do fato o seu conteúdo de significação jurídico-penal".[174] Ora, a partir do exemplo relatado, diferentemente dos crimes de perigo abstrato analisados sob o prisma tradicional, o contexto no caso concreto fornecerá os dados necessários para afirmar – ou para negar – a existência do delito; já nos crimes ambientais, o contexto é diferenciado e altamente complexo, "decorrente da interação de inúmeros fatores que, em uma perspectiva ex ante, são flutuantes, incertos, meramente prováveis, fatores que [...] condicionam a possibilidade de dano" ao bem jurídico protegido pela norma penal.[175] Tais afirmações, por si só, talvez não revelem, em um primeiro momento, a diferença ainda mais crucial entre os delitos de perigo abstrato tradicional e os que aqui se pretende analisar, ou seja, os cometidos na seara ambiental e potencialmente capazes de gerar danos pela acumulação – embora sempre seja bom relembrar que não é na

---

sido atendidas pelo autor. E, ademais, podemos estar diante de hipóteses bagatelares, insignificantes, mas cujo reconhecimento só se torna possível se tomado o ilícito-típico para além de uma mera desobediência às prescrições administrativas". D'ÁVILA, Fábio Roberto. O Ilícito Penal nos Crimes Ambientais. Algumas reflexões sobre a ofensa a bens jurídicos e os crimes de perigo abstrato no âmbito do Direito Penal Ambiental. *Revista do Ministério Público*, Porto Alegre, n. 75, p. 23-24, 2014.

[174] Ibid., p. 26-27.
[175] Ibid., p. 27-28.

cumulatividade que se busca a legitimidade para o reconhecimento da prática delitiva.

Afirma-se então que é na possibilidade de dano ao bem jurídico – neste caso, o ambiental – que a análise dos fatores complexos e incertos dentro de determinado contexto é que pode indicar – ou não – o preenchimento formal e material da prática delitiva. Logo, a conclusão cristalina que se alcança é que a posição do bem jurídico se revela diferente entre os delitos tradicionais e os ora analisados, e assim se diz porque, no segundo grupo de casos, o bem jurídico estará sempre presente! Ademais, "[...] aqui não se exige um dano ao bem jurídico, mas apenas a possibilidade da sua ocorrência, o que, por sua vez, vai coincidir com a possibilidade de conjunção dos fatores contextuais necessários" para a ocorrência de uma ofensa de dano ao bem jurídico, e "o bem jurídico já se encontra no raio de ação da conduta perigosa",[176] ou presente no contexto concreto de fatores incertos e variáveis.

Por certo, os delitos cumulativos, dentro da proposta prevista por Kuhlen, são mais abrangentes e propiciam, em tese, o enquadramento de mais condutas como tipificadas penalmente. Portanto, a perspectiva ventilada como legítima de enquadramento penal como sustentado nas linhas anteriores não se trata, como se poderia pensar, da simples aposta na corrente da ampliação do Direito Penal como forma de prevenir práticas delitivas relacionadas à proteção do bem jurídico *meio ambiente*, uma vez que, inclusive, se verifica que as conclusões narradas restringem as hipóteses de aplicação do Direito Penal em comparativo com a proposta de Kuhlen e dos crimes de perigo abstrato na modalidade tradicional, o que diminui o espectro de alcance da punibilidade.

O que aqui se afirma é que o Direito Penal tem papel importante – senão, fundamental – para a proteção ambiental, e os crimes de perigo abstrato, na leitura que exige a ofensividade como critério, são legítimos para tutelá-lo. Mais do que isso, os novos modelos de sociedade, o avanço e o desenvolvimento do tempo presente, a sociedade de risco a que se está submetido com a destruição (potencial) do meio ambiente exigem a participação dessa esfera do conhecimento, sob pena de se pagar um preço alto pela omissão. E, ao contrário do que se possa novamente imaginar em uma análise mais precipitada, a exigência para a punição dos crimes ambientais

---

[176] D'ÁVILA, Fábio Roberto. O Ilícito penal nos crimes ambientais: algumas reflexões sobre a ofensa a bens jurídicos e os crimes de perigo abstrato no âmbito do Direito Penal Ambiental. *Revista do Ministério Público*, Porto Alegre, n. 75, p, 27-28, 2014.

na esfera do perigo abstrato – calcado na ideia de *cuidado-de-perigo*, mas sem se descuidar da imprescindível ofensividade – além dos critérios a serem analisados concretamente em um contexto diferenciado e marcado por alto grau de complexidade, se descortina, nesse singelo ponto de vista, uma forma legítima de aprimorar as estruturas do Direito Penal, adequando-se aos novos tempos, sem esquecer das conquistas históricas da evolução da própria ciência punitiva, que restam preservadas em seus aspectos estruturais (e essenciais).

3.1.1. Constitucionalismo ambiental: é preciso chegar antes

Como reforço argumentativo à análise que se desnuda – e talvez, o que sirva como pano de fundo de toda a motivação para (re)incluir a noção de perigo na forma de *cuidado-de-perigo*, no plano do Direito Ambiental – tem-se a convicção empírica e teórica da necessidade de prevenção de danos ao meio ambiente, ao invés de medidas reparatórias que, se já têm a função de equalizar os prejuízos questionados em outras áreas, no campo ambiental não restam dúvidas de que somente podem ser pensadas como segunda opção, já que a prioridade deve ser a busca para evitar a inviabilização do meio ambiente. Urge, por conseguinte, que se analise, doravante, a necessidade da prevenção o que ora se faz, sendo que, de certa forma, metodologicamente falando, poderia o item estar situado de maneira anterior ao próprio conteúdo dos delitos cumulativos, uma vez que, pela interligação das análises, a escolha da ordem cronológica de apreciação se tornou (quase) aleatória.

Com efeito, parece irracional a perspectiva de que as sociedades acabariam se destruindo, por meio de decisões desastrosas no campo ambiental. O fato de ter o homem a consciência de que precisa do meio ambiente para a sua própria sobrevivência não teria a força necessária para interromper o processo de destruição que arrisca a toda a vida humana no planeta? A história responde que não. Diamond demonstra como o desmatamento desenfreado, com o fito de construir estátuas que representavam as famílias e o poder, desencadeou o processo de deterioração dos recursos naturais na Ilha de Páscoa, tornando a sobrevivência no local impraticável. Ou ainda como os maias – a cultura americana nativa mais avançada do Novo Mundo, antes da chegada dos europeus, e a única com texto escrito decifrado, num local cujas ruínas são ponto de grande visitação turística – tiveram grande baixa populacional durante os períodos de seca pela morte por fome ou por guerra, em decorrência de recursos naturais escasseados a partir das ações humanas.[177]

Os exemplos retirados da História ilustram como a degradação ambiental possui o potencial de impossibilitar a vida humana, como já inviabilizou civilizações,[178] por isso, o seu enfrentamento com políticas que precisam chegar antes do dano se mostra significativo à humanidade, a fim de que o homem não (re)faça o papel do asteroide destruidor, pois, se o planeta não sofre tantos riscos – já que os insetos, por exemplo, sobrevivem às altas temperaturas, e o mundo nunca esteve tão propício para os ratos e as baratas – a humanidade poderá ser extinta em função da poluição e do efeito estufa, deixando claro que se o "homem insistir em destruir o planeta, antes a espécie humana será extinta".[179]

É preciso, portanto, chegar antes do dano, prevenindo os acontecimentos nocivos e desestimulando a prática predatória, já que, na política ambiental, a reparação do prejuízo sempre chega tarde e, muitas vezes, por melhor e mais ampla que seja (ou esteja pre-

---

[177] DIAMOND, Jared. *Colapso*: como as sociedades escolhem o fracasso ou o sucesso. Tradução Alexandre Raposo. 5. ed. Rio de Janeiro: Record, 2007. p. 105-153 e 195-219.

[178] Em que pese divergência entre os arqueólogos, especialmente porque as valorações das evidências são diferentes dependendo do ponto de análise, aliada ao mistério que envolve dita civilização, DIAMOND aponta cinco elementos para resumir o colapso maia: "(o primeiro) o crescimento populacional superando os recursos disponíveis [...] compondo esse desacerto entre população e recursos, está o segundo: os efeitos do desmatamento e da erosão de encostas, o que causou uma diminuição na quantidade de terras cultiváveis em um tempo em que mais terras cultiváveis se faziam necessárias, falta possivelmente exacerbada por uma seca antropogência resultante do desmatamento, pelo esgotamento dos nutrientes e outros problemas do solo, e pela luta para evitar que plantas daninhas como a samambaia-da-tapera tomasse conta dos campos. O terceiro elemento consiste no aumento dos conflitos à medida que cada vez mais gente lutava por recursos reduzidos. A guerra maia, já endêmica, chegou ao auge pouco antes do colapso [...]. A guerra diminuiu a quantidade de terra disponível para a agricultura, criando terras de ninguém entre principados onde, então, não era seguro cultivar. Para piorar tudo, havia também o elemento das mudanças climáticas. A seca à época do colapso clássico não foi a primeira que os maias atravessaram, mas foi a mais intensa. À época das secas anteriores, ainda havia partes desabitadas da paisagem maia, e as pessoas afetadas pela seca podiam se salvar mudando-se para outros lugares. Contudo, à época do colapso clássico a região estava superlotada, não havia área desocupada útil nas redondezas onde recomeçar e não era possível acomodar a população nas áreas que continuavam a ter fornecimento de água seguro. Como quinto elemento, temos de imaginar por que os reis e os nobres não reconheceram e resolveram os problemas aparentemente tão óbvios que minavam a sociedade. Evidentemente, a sua atenção estava voltada para o auto-enriquecimento a curto prazo, guerras, construção de monumentos, competição e extração de comida dos camponeses para sustentar todas essas atividades. Assim como muitos líderes, ao longo da história, os reis e os nobres maias não prestavam a atenção aos problemas de longo prazo, mesmo que os percebessem". DIAMOND, Jared. *Colapso*: como as sociedades escolhem o fracasso ou o sucesso. Tradução Alexandre Raposo. 5. ed. Rio de Janeiro: Record, 2007. p. 216-217.

[179] FREITAS, Juarez. *Sustentabilidade*: direito ao futuro. 2. ed. Belo Horizonte: Fórum, 2012. p. 44.

vista), não tem o poder de devolver à humanidade (e ao planeta) o *status quo* anterior. O processo de regeneração é lento e gradual, e os efeitos colaterais permanecem, às vezes, para sempre, como é o caso da extinção das espécies. Com isso se justifica o estudo dos delitos de perigo na modalidade *cuidado-de-perigo*, com o intento de interromper o processo poluidor-danoso antes dos prejuízos causados, justamente porque parte da ideia de caracterizar como prejudicial ao meio ambiente a conduta potencialmente lesiva, não mais no caso de todos os demais indivíduos a adotarem como padrão – que é (era) o modelo de Kuhlen – mas sim, na hipótese de que somente haverá crime se houver perigo ao bem jurídico, numa possibilidade *ex ante* de dano, em um juízo balizado de perigo a ser avaliado caso a caso, dentro do contexto de instabilidade no qual foi produzido.

A humanidade precisa aproveitar positivamente a consciência atual acerca da importância do meio ambiente como preocupação coletiva, uma vez que a tensão homem-natureza não é nova, e sim, uma constante nas diversas fases da evolução cultural – fruto do desenvolvimento do pensamento da relação necessária entre ambos.[180] Isso se dá porque mesmo sendo a degradação do meio ambiente, por certo, tão antiga quanto o início da civilização, não havia qualquer transtorno em explorar a natureza ao máximo -ao menos, em caráter global – pois, como já foi discorrido, algumas civilizações se inviabilizaram justamente pelo desleixo com as questões ambientais e somente recentemente é que a tensão existente evoluiu para se começar a forjar a preocupação coletiva com as atividades predatórias, exatamente quando o meio ambiente demonstra incapacidade para suportar os danos sofridos ao longo dos séculos pela destruição caracterizada como *glocal*.[181]

Pasqualotto também evidencia o paradigma da evolução do bem-estar com a degradação ambiental, já que o domínio de novas técnicas do progresso tecnológico elevou o nível de conforto do homem, criou novas exigências e o fez sentir-se o senhor do universo, em uma corrida pela acumulação de riquezas e pela exploração dos recursos naturais, tornando-o incapaz de enxergar o fato de que – nessa cegueira coletiva – aumentou a velocidade do consumo das condições básicas de sobrevivência "como a fertilidade do solo, a potabilidade da água, a pureza do ar, os regimes climáticos, os re-

---

[180] PÉREZ LUÑO, Antonio Henrique. *Perspectivas e tendências atuais do Estado constitucional*. Tradução José Luis Bolzan de Morais e Valéria Ribas do Nascimento. Porto Alegre: Livraria do Advogado, 2012. p. 43.
[181] PASQUALOTTO, Adalberto de Souza. O Ministério Público e a tutela do meio ambiente. *Revista do Ministério Público*, São Paulo, n. 31, p. 106-107, 1994.

cursos marinhos, além de arremetê-lo, a perigosas aventuras, como a desintegração do átomo".[182] É como se estivesse em um ciclo em que se busca melhor qualidade de vida e conforto, mas, ao mesmo tempo, o preço que se paga para atingir tais patamares seja a destruição implacável da natureza, ou o consumo desenfreado de recursos, numa exploração que mantém avanços e proporciona outros, que demandam mais exploração natural. Por muito tempo, a natureza suportou os exageros da caminhada desenvolvimentista justamente pela abundância de suas reversas, mas agora começa a cobrar o preço da fatura, mostrando ao planeta claros sinais de estafa e de esgotamento.

E somente nessa nossa (nova) época, em que os níveis de reversibilidade do processo já se encontram ameaçados, é que a consciência coletiva acorda para elevar o meio ambiente ao patamar que sempre deveria ter ocupado, ou seja, como prioridade de preservação para o bem da própria sobrevivência da espécie. Cutanda leciona que é na segunda metade do século XX que se toma a consciência generalizada, em âmbito internacional e nacional, sobre a necessidade de se frear o processo de deteriorização ambiental, gravemente afetado pelo potencial destrutivo da civilização moderna, concebendo-se o Direito Ambiental moderno com a preocupação de controlar a contaminação do meio ambiente e o uso sustentável dos recursos naturais.[183]

A dificuldade consiste em contornar o preço do progresso, tendo em vista que a Revolução Industrial e o desenvolvimento – pelo menos, nos moldes até aqui concebidos – acabam por destruir a natureza, o que potencializa a preocupação com o meio ambiente. A exploração sem qualquer controle das fontes de energia, conjugada com a poluição e a degradação ambiental teve "pontual repercussão no habitat humano e no próprio equilíbrio psicossomático dos indivíduos"[184] e, desse modo, adquire-se a consciência real de que a humanidade pode estar se encaminhando ao suicídio coletivo, com o progresso tecnológico fora de controle e, com efeito, reações na natureza que não se sabe a extensão, tampouco se há condições de controlá-las.

---

[182] PASQUALOTTO, Adalberto de Souza. O Ministério Público e a tutela do meio ambiente. *Revista do Ministério Público*, São Paulo, n. 31, p. 106-107.

[183] CUTANDA, Blanca Lozano. *Derecho ambiental administrativo*. Madri: Dykinson, 2003. p. 26.

[184] PÉREZ LUNO, Antonio Henrique. *Perspectivas e tendências atuais do Estado constitucional*. Tradução José Luis Bolzan de Morais e Valéria Ribas do Nascimento. Porto Alegre: Livraria do Advogado, 2012. p. 44.

E se antes, mesmo com a verificação das dificuldades impostas ao meio ambiente, a perspectiva de que os problemas apenas produziriam efeitos em um futuro distante adiava a busca de soluções imediatas, hoje tem-se a consciência de que o que pareciam, há tempos, previsões pessimistas sobre a existência de um limite para o crescimento aliado às dificuldades para se manter um sistema ecológico sustentável, mostra-se como realidade assustadora, com aptidões para colocar em xeque a vida humana no planeta, em um futuro não muito distante.[185] Essa inquietação/realidade alcança o mundo jurídico, encontrando um terreno concebido para garantir os ordenamentos econômicos vigentes, impondo natural resistência à nova concepção, pois a preocupação ambiental é de outra ordem, e não admite, como regra, a tolerância, criando uma nova figura jurídica que são os direitos metaindividuais e difusos.[186]

No Brasil, a atenção legislativa ao meio ambiente é recente, sendo que a Constituição Federal de 1988 balizou os pilares de atuação e emprestou ao assunto impulso e significado, hierarquizando-o como matéria constitucional.[187] Isso ocorreu em virtude de a Carta precedente não trazer, em seu bojo, nenhuma norma expressa de proteção ao meio ambiente, decorrendo a regulamentação de condutas que tratavam, indiretamente, das águas, das florestas e das jazidas.[188] Então, de acordo com o artigo 23, inciso VI, da Constituição Federal, se torna competência da União, dos Estados, do Distrito Federal e dos Municípios proteger o meio ambiente e combater a poluição em qualquer de suas formas. O inciso VII do mesmo dispositivo legal acrescenta a necessidade de preservação das florestas, da fauna e da flora. Já o artigo 225 da Carta Constituinte também se ocupa do meio ambiente, determinando providências no campo administrativo e legislativo voltadas para a sua proteção

---

[185] CUTANDA, Blanca Lozano. *Derecho ambiental administrativo*. Madri: Dykinson, 2003. p. 26.

[186] PASQUALOTTO, Adalberto de Souza. O Ministério Público e a tutela do meio ambiente. *Revista do Ministério Público*, São Paulo, n. 31, p. 108, 1994.

[187] Em que pese a importância da inclusão na nossa Constituição Federal de normas de proteção ao meio ambiente, aperfeiçoando a legislação nacional pelo seu aspecto indutor de políticas públicas, não podemos esquecer que "É de suma importância o papel do Direito Internacional na evolução e formulação do direito ao meio ambiente. As consequências do desenvolvimento econômico na era da globalização ultrapassam, cada vez mais, a capacidade de solução do Estado nacional e exigem uma crescente cooperação entre os países, visto que os problemas ecológicos não respeitam fronteiras políticas e possuem expressão global. Boa parte dos dispositivos sobre proteção ambiental inseridos nas constituições de vários países foram transcritos de declarações ou convenções internacionais sobre o tema". CANOTILHO, J. J. Gomes et al. *Comentários à Constituição do Brasil*. São Paulo: Saraiva, 2013. p. 2079.

[188] Ibid., p. 749.

– nem todas, no entanto, como competências concorrentes.[189] Porém, como adverte Perez Luño, não se pode iludir que a eventual proteção constitucional seja uma superação da desenfreada exploração ambiental, se, não operando o Direito sozinho, muitas outras forças podem transformar as normas jurídicas – inclusive, as previstas constitucionalmente – numa mera cortina de fumaça, sem qualquer efeito prático.[190] A determinação ética e jurídica decorrente da Constituição assegura às gerações presentes e futuras um meio ambiente favorável às condições de vida digna e, para tanto, a responsabilidade do Estado é objetiva no sentido de implementar princípios de precaução e de prevenção, de maneira que cheguem antes dos eventos danosos ao ambiente, não mais se satisfazendo com a reparação do prejuízo.[191]

Mais precisamente, na esteira de Freitas, "as gerações presentes e futuras têm o direito fundamental ao ambiente limpo e à vida digna e frutífera (direito oponível ao Estado e nas relações horizontais ou privadas)", o que significa que não se pode aturar a degradação de qualquer tipo – ainda mais, a irreversível – dentro de um conceito de vida digna com espectro de significado de *coexistência fecunda*, inadmitindo-se a insaciabilidade sem limites, que explora o meio ambiente de forma desenfreada, deixando para o futuro remoto e distante a possibilidade de mitigar ou de compensar.[192] Mesmo que se tratem as futuras gerações (ou melhor, os grupos de indivíduos que ainda não nasceram) apenas como potenciais sujeitos de direito – já que não há ainda relação contratual recíproca, que é a caracterizadora do sujeito de direito incontestável que existe – desde logo, há obrigação da geração presente, com base no princípio da responsabilidade, em "manter abertas as oportunidades para que as gerações vindouras ainda sejam capazes de tomar decisões numa situação de liberdade de escolha".[193]

Traduz-se aí a proibição de alterar, de modo definitivo e irreversível, os ecossistemas ou o esgotamento dos recursos naturais

---

[189] CANOTILHO, J. J. Gomes et al. *Comentários à Constituição do Brasil*. São Paulo: Saraiva, 2013. p. 2084.

[190] PÉREZ LUNO, Antonio Henrique. *Perspectivas e tendências atuais do Estado constitucional*. Tradução José Luis Bolzan de Morais e Valéria Ribas do Nascimento. Porto Alegre: Livraria do Advogado, 2012. p. 57.

[191] FREITAS, Juarez. *Sustentabilidade*: direito ao futuro. 2. ed. Belo Horizonte: Fórum, 2012. p. 32.

[192] Ibid., p. 34.

[193] CANOTILHO, J. J. Gomes et al. *Comentários à Constituição do Brasil*. São Paulo: Saraiva, 2013. p. 2081.

essenciais, criando riscos duradouros para a vida humana na Terra e, por consequência, afastando a possibilidade da futura vida humana com dignidade.[194] Por conseguinte, a sustentabilidade ambiental preconiza que as soluções terão que ser duradouras – e não precárias, a ponto de solucionar apenas temporariamente os problemas mais imediatos – com pensamentos em médio e em longo prazo, a fim de precaver a vida também daqueles que ainda não nasceram.[195] A atitude requer mudança de paradigma em relação à administração pública com os agentes poluidores do meio ambiente, no intuito de que seja superada a gestão de *chegar tarde* para aquela que confere "senso de urgência às medidas de prevenção e de precaução, de ordem a introjetar, mais do que nunca, uma mirada antecipatória nas relações administrativas".[196]

Discorda-se de Freitas apenas no tocante ao juízo prejudicial que faz da "aposta infrutífera nas repressões (ordinariamente) de fachada, que pouco ou nada agregam às melhoras comportamentais", devendo ser aperfeiçoadas as técnicas consensuais e negociais, tais como os termos de ajustamento de conduta, a mediação e a conciliação.[197] Não há prejuízo em se trabalhar em todas as frentes, quando se trata de proteger o meio ambiente e sua tarefa fundamental ao desenvolvimento da vida humana presente e futura no planeta. Se de um lado, o ajuste e as técnicas consensuais são os recomendados para resolver muitos casos, em outra frente, nenhum Estado abriu mão de seu Direito Penal para regulamentar as condutas prejudiciais ao convívio em sociedade, quando se caracterizaram como de grande importância para o conjunto e a sobrevivência dos indivíduos. E se Freitas condena a repressão que ordinariamente se realiza nas ações e nas condutas prejudiciais ao meio ambiente, a crítica está coberta de razão, pois a reparação – sempre difícil e custosa – além de chegar tarde, (quase) nunca recompõe a situação original.

É fato que o raciocínio dos crimes de perigo é diverso e antecipatório, pois visa à interrupção do fluxo da ação danosa antes de o dano ser produzido, o que, ao nosso sentir, se coaduna com o raciocínio do próprio Freitas, quando discorre sobre os princípios de

---

[194] CANOTILHO, J. J. Gomes et al. *Comentários à Constituição do Brasil*. São Paulo: Saraiva, 2013. p. 2081.
[195] GIDDENS, Anthony. *A política da mudança climática*. Tradução Vera Ribeiro. Rio de Janeiro: Zahar, 2010. p. 88.
[196] FREITAS, Juarez. *Sustentabilidade*: direito ao futuro. 2. ed. Belo Horizonte: Fórum, 2012. p. 209.
[197] Ibid., p. 208.

precaução e de prevenção aplicados à proteção ambiental. Quanto ao princípio da prevenção, se vislumbra em seus elementos os sinais que o identificam com as premissas do que se tem defendido ao longo desta pesquisa, no sentido da antecipação do Direito Penal mediante a mera colocação em perigo do bem jurídico, já que o princípio da prevenção, nos seus elementos centrais, conforme ensina Freitas, se elenca na seguinte ordem: "(a) alta e intensa probabilidade (certeza) de dano especial e anômolo; (b) atribuição e possibilidade de o Poder Público evitar o dano social, econômico ou ambiental; e (c) ônus estatal de produzir a prova da excludente do nexo" de causalidade intertemporal.

Por meio das premissas citadas, pode-se afirmar a segurança do resultado danoso e indesejado, criando a obrigação do Estado em tomar as medidas imprescindíveis e corretas para interromper o nexo causal e impedir o dano visualizado.[198] Em outros termos, o princípio da prevenção é importante em nível individual, "de forma mais imediata e concreta, postulando a redução das exigências em relação à aceitação de um perigo ao meio ambiente e a probabilidade de um dano ecológico", refletindo-se na disposição do julgador em tomar medidas preventivas em relação a projetos e a ações que possam causar graves impactos ambientais.[199] Já o princípio da precaução, que complementa o pressuposto anterior, mas com ele não se confunde, também está identificado com o raciocínio dos crimes de perigo, ao ser dotado de eficácia direta e imediata e delegar ao Poder Público diligências "não tergiversáveis, com a adoção de medidas antecipatórias e proporcionais, mesmo nos casos de incerteza quanto à produção de danos fundadamente temidos (juízo de verossimilhança)",[200] o que se embasa na exigência de medidas de proteção dinâmica no plano coletivo, com a "aplicação do princípio da proporcionalidade dos riscos, o que significa que uma avaliação responsável da probabilidade de ocorrência de danos ambientais depende da sua potencial gravidade".[201] Destarte, a ausência de certeza absoluta de caráter científico acerca do prejuízo ambiental no futuro não isenta o Estado da obrigação de possuir medidas preventivas que evitem o risco ou o dano.

---

[198] FREITAS, Juarez. *Sustentabilidade*: direito ao futuro. 2. ed. Belo Horizonte: Fórum, 2012. p. 285.
[199] CANOTILHO, J. J. Gomes *et al. Comentários à Constituição do Brasil*. São Paulo: Saraiva, 2013. p. 2084.
[200] FREITAS, Juarez. *Sustentabilidade*, op. cit., p. 285.
[201] CANOTILHO, J. J. Gomes *et al*. Op. cit., p. 2084.

Neste momento, cumpre abordar o que significa a antecipação da punição nos crimes de perigo abstrato ou concreto, a fim de evitar eventuais dúvidas sobre o caminho que se está percorrendo. Quando se busca a criminalização de uma conduta, o que, de fato, se pretende é que pessoas de determinada comunidade não pratiquem aquele fato proibido pela norma. Ou seja, inegavelmente a sanção criminal tem a pretensão de ser uma resposta da sociedade em relação a determinado comportamento, com a finalidade de exercer controle sobre as ações individuais da sociedade, com o objetivo de proteção de bens jurídicos. Resta que a antecipação do momento da punição de determinados comportamentos criminais – como os considerados na modalidade de perigo – não está umbilicalmente ligada à prevenção criminal, tampouco pode se legitimar no atendimento da expectativa de redução dos índices de ataques aos bens jurídicos.

Em outras palavras, o objetivo último de qualquer política criminal legítima é diminuir – senão, liquidar – a criminalidade, mas não é pelo fato da criação de determinados tipos legais de crime de perigo que se vai diminuir/evitar, por si só, a prática de delitos. O que se potencializa, na verdade, é a própria punibilidade ou, em derradeiras afirmações, o aumento da proteção daqueles bens jurídicos penalmente relevantes, permitindo a intervenção do Estado antes que o resultado que se quer evitar efetivamente aconteça[202] – como é o caso de alguns crimes contra o meio ambiente. Isso não significa, por óbvio, entender como legítima qualquer pretensão de criminalização que tenha como pressuposto a proteção de algum bem jurídico – real ou imaginário – ou ainda antecipar as esferas de punição penal de forma totalmente inadequada, como já exposto exaustivamente, mas sim, permitir – longe de qualquer pressão política que sempre visa à solução mais rápida e normalmente mais fácil – que os instrumentos penais realmente sejam eficazes na prevenção de lesão aos bens jurídicos de extrema valia para a humanidade que habita o planeta.

Indubitavelmente, é sobre o meio ambiente que se deve focar a atenção de antecipação, uma vez que inviabilizar a atuação estatal penal nessa área não parece o melhor caminho a ser seguido.[203]

---

[202] COSTA, José de Faria. *O perigo em Direito Penal*: contributo para a sua fundamentação e compreensão dogmáticas. Coimbra: Coimbra Editora, 2000. p. 575-576.

[203] A justificativa de Figueiredo Dias, nesse sentido, é lapidar. Após asseverar que o Direito Penal proveniente do Iluminismo é incapaz de atender às demandas de uma sociedade de risco, e antes de sustentar a necessidade da superação do dogma da razão técnico-instrumental, aliada à imprescindibilidade da alteração no modo de produção legislativa, discor-

Em definitivas palavras, a moderna política criminal, adequada às exigências dos novos tempos, não pode renunciar aos benefícios e às vantagens que a antecipação da tutela em Direito Penal oferece, através da tipificação de crimes de perigo e sua (re)construção hermenêutica, especialmente em face da natureza e da importância de determinados bens jurídicos coletivos. E é esse mesmo raciocínio que vem sendo construído ao longo de toda a dissertação, e que se

---

re, de maneira absolutamente correta e didática, no seguinte sentido: "Não está o Direito Penal, por outra parte – argumenta-se –, preparado para a tutela dos grandes riscos se teimar em ancorar a sua *legitimação substancial* no modelo do 'contrato social' rousseauniano, fundamento último de princípios político-criminais até agora tão essenciais como o da função exclusivamente protectora de bens jurídicos, o da secularização, o da intervenção mínima e de ultima ratio. Porque se se quiser manter estes princípios, tal significará – assinalou-o Stratenwerth em duas conferências a vários títulos notáveis – a confissão resignada de que ao Direito Penal não pertence nenhum papel na protecção das gerações futuras; como, entre outros e principalmente, os temas dos atentados ao ambiente, da manipulação genética e da desregulação da actividadeprodutiva se vão encarregando já de mostrar ou de prenunciar. Não uma função minimalista de tutela de bens jurídicos na acepção moderna, constituintes do padrão crítico de legitimação, mas a atribuição sem rebuços, ao Direito Penal, de uma função promocional e propulsora de valores orientadores da acção humana na vida comunitária – eis a única via que se revelaria adequada aos desafios formidáveis da 'sociedade do risco'. Aqui chegados, só um passo mais se torna necessário para justificar a necessidade de uma *nova dogmática jurídico-penal*. Na verdade, como poderão os 'novos' ou 'grandes" riscos' – que ameaçam grupos indeterminados de pessoas, quando não a generalidade delas ou mesmo a humanidade no seu todo, e têm origem em actuações profundamente diversificadas no espaço e no tempo, ocasionadas no âmbito de uma acentuadíssima repartição de funções, de tarefas e de competências – ser contidos ou obviados por um Direito Penal que continue a ter na individualização da responsabilidade o seu princípio precípuo e cujo objeto de tutela seja constituído por bens jurídicos individuais reais e tangíveis (e portanto 'actuais'), quando o problema posto por aqueles riscos é por essência indeterminado no seu agente e na sua vítima? Como poderão manter-se exigências – todavia postuladas por um princípio político-criminal da culpa isento de manobras dogmáticas manipuladoras – como as dos critérios de aferição da causalidade, da imputação objectiva, do dolo e da negligência, do erro e da consciência do ilícito? Como pode continuar a manter-se a ideia – que todavia, uma vez mais, parece implantada mesmo no cerne do princípio da culpa – de que o delito doloso de acção constitui a forma 'normal' e paradigmática de aparecimento do crime, quando a contenção dos grandes riscos exige, pelo contrário, uma criminalização expansiva dos delitos de negligência e de omissão? Como poderão finalmente – para não alargar em demasia o rol das dificuldades – manter-se os princípios que presidem à definição da autoria singular, quando, como atrás ficou já assinalado, existirá as mais das vezes uma radical distância temporal e espacial entre a acção e o resultado (trate-se de resultado de dano ou de resultado de perigo) em que se consubstanciam e se exprimem os grandes riscos? III. Este requisitório torna-se muito mais denso e convincente quando se recubra com a veste da transformação radical em curso das convicções filosóficas fundamentais que vêm conformando o pensamento ocidental dos últimos três séculos. Se me atrevesse a indicar a razão que está na base desta transformação, diria que ela se encontra na *crise ecológica* de que tomámos consciência pungente neste ocaso do século XX e que nos obriga a colocar em novos moldes – ou, em todo o caso, em moldes diferentes daqueles que até há pouco tomávamos quase por axiomáticos – toda a questão da relação entre o Homem e a Natureza. Com o que, no fundo, é toda a velha questão da relação entre sujeito e objecto que de novo ressurge em toda a sua problematicidade". FIGUEIREDO DIAS, Jorge de. Direito Penal entre a "sociedade industrial" e a sociedade de risco. *Revista Brasileira de Ciências Criminais*, São Paulo, n. 33, p. 40-42, jan. 2001.

considera razoavelmente justificado no item anterior, para permitir a proteção do bem jurídico *meio ambiente,* sem qualquer atropelo às fundamentais conquistas humanitárias penais, ocorridas ao longo dos últimos séculos.

3.1.2. Direito Penal expansivo?

Com nomenclaturas diversas para explicar o fenômeno,[204] o século XX se caracterizou por restringir a intervenção do Direito Penal na vida das pessoas, o que, de certo modo, explicitou um campo mínimo, cuja atuação estava limitada apenas aos pressupostos mais imprescindíveis para a convivência em sociedade, ao contrário de outros setores do Direito – especialmente, o administrativo, que se expandia naturalmente, enquanto que o penal considerava uma virtude apenas agir na mais absoluta (e mínima) imprescindibilidade.[205] Aliás, sustenta-se, de maneira ainda mais radical, que a própria democracia envolve a ideia de revisão constante de seu sistema repressivo e que somente se estará diante de um Estado Democrático[206] quando, em um processo de desenvolvimento da política criminal, a coerção penal estiver reduzida ao mínimo indispensável, pois reflete (refletiria) a falência/fracasso de sua política social.[207]

---

[204] Quando se fala em Direito Penal expansivo, como é o caso do subtítulo, não é possível deixar de citar Silva Sanchez, pois a sua obra consagrou a expressão utilizada, e serve de referência não só para a presente dissertação, mas como para qualquer análise que se pretenda sobre o tema, conforme SÁNCHEZ, Jesús-Maria Silva. *A expansão do Direito Penal.* Trad. Luiz Otavio de Oliveira Rocha. 2. ed. São Paulo: Revista dos Tribunais, 2002.

[205] DIEZ RIPOLLÉS, José Luiz. *La política criminal en la encrucijada.* Buenos Aires: Euros, 2007. p. 62-63.

[206] MALARÉE, Hernán Hormazábal. Política penal en el estado democrático. In: BUSTOS RAMÍREZ, Juan José; BERGALLI, Roberto (Coord.). *El poder penal del Estado*: homenaje a Hilde Kaufmann. Buenos Aires: Depalma, 1985. p. 155.

[207] Devemos deixar claro, desde já, no entanto, que o próprio autor reconhece, ao desenvolver e retratar o conceito de bens jurídicos, bem como a necessidade de adaptá-los a nova realidade social, que o meio ambiente merece a proteção necessária, inclusive penal, verbis: "En el Estado democrático, el bien jurídico concebido materialmente como uma relación sintética de carácter normativo y social, cumple esencialmente uma función de carácter crítico no solo del ordenamiento penal vigente, en la medida em que se coloca em uma instancia prejuridica, sino también del modelo de organización social, en cuanto se situa incluso fora de dicho modelo. Su función es, por tanto, de naturaleza político-penal, en la medida em que no solo impone la restricción dentro del Estado democrático del ius puniendi a la exclusiva protección de bienes jurídicos, sino también em cuanto a poner de manifiesto la necesidad de penalizar ciertas y determinadas conductas que por su danosidad social merecen ser castigadas penalmente...Del mismo modo, el contexto del Estado social establecido em la Constitución española de 1978 plantea la necesidad del desarrollo de una política penal de protección de la intimidad, del patrimônio artístico, de los consumidores y del medio ambiente, cuestión que surge no solo como exigência constitucional, sino como una verdadera demanda de la base

Portanto, tornam-se perfeitamente compreensíveis o espanto e a discordância de diversos penalistas, quando confrontados com a ideia de criação de novos institutos penais, ou até mesmo, com a antecipação preventiva de proteção de determinados bens jurídicos, passando a compreender os acontecimentos como uma reviravolta no caminho natural da ciência penal – o que é verdadeiro – e uma afronta à democracia, o que causa resistência às novas ideias, muito também pelo orgulho que se tem de que esse tipo de concepção minimamente possível seja herdeiro do liberalismo político, garantindo a liberdade do cidadão contra os abusos desenfreados de um Estado punitivo.[208]

Nesse espectro, a Escola de Frankfurt tem sistematicamente realizado diversas críticas ao que chama de Direito Penal expansivo, ao considerar um abandono do Direito Penal a sua função de *ultima ratio*, para se tornar a primeira saída numa sociedade de risco que quer justificar um Direito Penal do risco, cujo processo de expansão avança em diversas frentes, como a criação de novos bens jurídicos para serem tutelados (meio ambiente, saúde pública) e a antecipação da punição penal, diminuindo a fronteira entre as condutas puníveis e não puníveis, coroando-se com "a redução das exigências para a reprovabilidade".[209] De acordo com Hassemer, os novos problemas abarcados pelo Direito Penal estariam mais protegidos se tutelados por outras áreas do Direito, tais como o Direito Administrativo, o Direito Civil e o Direito Público, se afastados do Direito Penal, sugerindo regular novas questões da sociedade *moderna*, por meio do direito de intervenção – situado entre o Direito Penal e o direito dos ilícitos administrativos, entre o Direito Civil e o Direito Público – justamente para disponibilizar normas materiais e pro-

---

social de limitar la libertad del capital en beneficio de la libertad de los indivíduos". MALARÉE, Hernán Hormazábal. Política penal en el estado democrático. In: BUSTOS RAMÍREZ, Juan José; BERGALLI, Roberto (Coord.). *El poder penal del Estado*: homenaje a Hilde Kaufmann. Buenos Aires: Depalma, 1985. p. 168-169.

[208] DIEZ RIPOLLÉS, José Luiz. *La política criminal en la encrucijada*. Buenos Aires: Euros, 2007. p. 63. Veja-se, a título ilustrativo, essa passagem da obra de RIPOLLÉS, que traduz, de forma resumida, o pensamento que se está traduzindo: "(as) estrictas exigências a satisfacer por los poderes públicos al establecer los comportamientos delictivos y las penas para ellos previstas, a la hora de verificar la concurrencia de unos y la procedência de las otras en el caso concreto, y em el momento de la ejecución de las sanciones. El temor a un uso indebido del poder conferido al Estado, que pudiera terminar afectando al conjunto de los ciudadanos, impregna todo el armazón conceptual del derecho penal garantista, desde los critérios con los que se identifican los contenidos a proteger, hasta aquellos que seleccionam las sanciones a imponer, pasando por los que se ocupan de estructurar un sistema de exigência de responsabilidad socialmente convincente". Ibid., p. 63-64.

[209] SILVA, Pablo Rodrigo Alflen da. Aspectos críticos do Direito Penal na sociedade de risco. *Revista Brasileira de Ciências Criminais*, São Paulo, n. 46, p. 79-80, jan./fev. 2004.

cessuais menos exigentes e penalizações mais brandas que o Direito Penal.[210] No campo ambiental, Hassemer denomina como Direito Penal simbólico a tentativa de garantir o meio ambiente através do Direito Penal, já que "por um lado não serve para a proteção efetiva de bens jurídicos; por outro lado, obedece a propósitos de pura jactância da classe política", ao acalmar a opinião pública e desobrigar os poderes públicos de perseguir a política eficaz de prevenção, de proteção efetiva e de percepção de que os verdadeiros poluidores do meio ambiente nunca serão castigados.[211]

Callegari e Wermuth, por sua vez, criticam o que definem como antecipação da ação do sistema punitivo estatal, entendendo serem as garantias processuais e penais meros empecilhos que evitam a punição diante de uma sociedade que se caracteriza pela insegurança nas relações, o que leva ao aumento dos comportamentos considerados como delituosos e "que se combate por meio da antecipação da intervenção punitiva ao estágio prévio à efetiva lesão dos bens jurídicos".[212] Há ainda o sentimento vago e ubíquo de medo e de insegurança, ou "uma das características mais marcantes da sociedade globalizada, que está obtendo respostas por parte do Estado pautadas na intervenção penal",[213] criticando a eleição do Direito Penal como o instrumento privilegiado de combate do sentimento de insegurança da sociedade. Os autores conceituam como alteração do perfil do Direito Penal – que antes se preocupava e reagia aos fatos posteriormente – a partir do momento em que interiorizou o (suposto) risco que o futuro apresenta com a consequente incalculabilidade da determinação das ações presentes, supervalorizando e incrementando as punições para ações que infringem o dever de cuidado, a fim de atender às exigências de punição dos crimes de perigo abstrato e dos delitos cumulativos.[214]

---

[210] HASSEMER, Winfried. Características e crises do moderno Direito Penal. *Revista Síntese de Direito Penal e Processual Penal*, São Paulo, n. 18, p. 156, fev./mar. 2003.

[211] Ibid., p. 33-34.

[212] CALLEGARI, André Luís; WERMUTH, Maiquel Ângelo Dezordi. *Sistema penal e política criminal*. Porto Alegre: Livraria do Advogado, 2010. p. 20-22.

[213] Ibid., p. 09.

[214] Nada mais claro que transcrever as próprias palavras dos autores: "Com efeito, o componente futuro é marcante na ideia de risco visto que é com base nele e na sua incalculabilidade que as ações presentes devem ser determinadas: a ameaça futura é o centro da consciência em relação aos riscos. Assim, no lugar de um Direito Penal que reacionava a posteriori contra um feito lesivo individualmente delimitado, surge um Direito Penal de gestão punitiva dos riscos em geral, tornando-se possível falar em um processo de administrativização do Direito Penal, que traz em seu bojo uma supervalorização e o consequente incremento punitivo de infrações de deveres de cuidado, de forma a dar respostas não só aos delitos de perigo abstrato, mas também aos chamados delitos de acumulação, no marco da luta contra as novas formas de cri-

De fato, como confirma Diez Ripollés, a sensação de insegurança da sociedade aliada à descrença em relação à capacidade dos poderes públicos para enfrentar o problema, transformou, dentre outros (tantos) fatores, a visão das pessoas acerca da delinquência, assim desaparecendo a compreensão de que o criminoso era um ser desfavorecido socialmente pela mesma sociedade com a qual havia a obrigação moral de prestar algum tipo de ajuda e de assistência – pensamento muito difundido nos anos de 1970 e de 1980 – para compreender hodiernamente que os delinquentes são, em verdade, seres sem valores morais ou escrúpulos que perseguem, pela sua ganância, algum tipo de vantagem ilícita à custa dos legítimos interesses dos demais.[215]

A partir dessa concepção, a ampliação do espectro do Direito Penal está razoavelmente justificada – mesmo que ilegítima – visto que o interesse coletivo, em conjunto com a revalorização do componente aflitivo da pena, em substituição ao aspecto ressocializador da sanção criminal, justifica a expansão do sistema penal e vem ao encontro do pensamento consensual da sociedade, que almeja a sobreposição de seus interesses legítimos às ações individuais, gananciosas e voluntárias dos delinquentes. A nova ideia incita o desejo social de aplicar sanções mais gravosas aos infratores ou, ao menos, restringir ao máximo quaisquer benefícios, uma vez que a sociedade despreza as diferenças entre as oportunidades de seus membros, para perceber as ações dos criminosos "como um premeditado y personalmente innecesario enfrentamiento del delincuente con la sociedade, que exige una respuesta que preste la debida atencion a la futilidade de las motivaciones" que as conduziram a ela.[216]

Nesse terreno fértil, o Direito Penal encontra favoravelmente todos os fatores para a sua expansão, haja vista que, no confronto entre os interesses legítimos da maioria e a delinquência de parte minoritária da sociedade – compreendido como um produto livre da vontade do agente que teve a oportunidade de agir de acordo com as regras impostas, mas as violou, desprezando quaisquer outros fatores sociais – realmente não faz sentido deixar de aplicar a sanção criminal, ou deixar de abarcar os novos bens criados pelo Direito Penal, como forma também de aplacar o sentimento de inse-

---

minalidade". CALLEGARI, André Luís; WERMUTH, Maiquel Ângelo Dezordi. *Sistema penal e política criminal*. Porto Alegre: Livraria do Advogado, 2010. p. 21.
[215] DIEZ RIPOLLÉS, José Luiz. *La política criminal en la encrucijada*. Buenos Aires: Euros, 2007. p. 75.
[216] Ibid., p. 85.

gurança que permeia as sociedades pós-modernas. Com isso, muito do que se escreve criticamente contra a expansão do Direito Penal está ligado à ideia – não única, é claro – de que a proteção dos novos bens jurídicos ou a antecipação da etapa de proteção de bens jurídicos já protegidos – como é o caso dos delitos cumulativos – serviriam como, mais uma vez, uma forma de "inspirar confiança das classes detentoras do poder econômico infundindo terror aos setores mais populares, em clara afronta ao princípio constitucional da dignidade da pessoa humana",[217] dentro do entendimento de que o Direito Penal serve (ou serviu), ao longo de sua história, como instrumento de controle das classes populares, em razão da seletividade criminalizante.

Em suma, para uma escola que ficou conhecida como Criminologia Crítica, o sistema penal está estruturado para atuar seletivamente, voltado para os segmentos mais desfavorecidos. Dessa forma, a inserção do medo no Direito Penal, em conjunção com outros fatores já analisados, como a sociedade de risco, junto a aspectos culturais, como a modernidade tardia no Brasil, cria condições para a expansão punitiva no país, e novamente os membros dos grupos sociais excluídos serão os mais prejudicados, pois sobre eles recairão as garras ameaçadoras das sanções, que se transformam em instrumento de gestão social.[218]

Ocorre que a lógica de punição dos crimes de perigo contra o meio ambiente é totalmente diversa da exposta, e a não incidência do Direito Penal nesse tipo de conduta vem a beneficiar justamente a parte alta da pirâmide social, a quem, desde sempre, o sistema repressor teve dificuldades para impor as sanções criminais. Tem como objetivo primeiro justamente proteger o bem jurídico de todos, inclusive das classes mais desfavorecidas, contra a exploração indevida pelo grande capital dos recursos naturais, pois estes não estão apegados aos locais explorados, e podem, diante da poluição que torne determinadas localidades inabitáveis, simplesmente deslocar-se para outro ponto do planeta, deixando para a comunidade local todos os reflexos negativos da exploração indevida.

Logo, quem se utiliza da natureza para a exploração indevida econômica sem freios não são as classes desfavorecidas – que, segundo a linha de pensamento redigida, sempre estiveram na mira do Direito Penal – e sim, aqueles que fazem a apropriação particular

---

[217] CALLEGARI, André Luís; WERMUTH, Maiquel Ângelo Dezordi. *Sistema penal e política criminal*. Porto Alegre: Livraria do Advogado, 2010. p. 41.
[218] Ibid., p. 39.

dos recursos naturais que são públicos, no intuito de obter o (maior) lucro de suas atividades. Ou dito de outro modo, se é verdade a tese de que o Direito Penal, no seu passado, foi utilizado como instrumento de dominação para subjugar as classes menos favorecidas, o *novo* Direito Penal, em sua modalidade *acumulativa* – cuja legitimação está no contexto instável que foi produzido (e não na repetição) – não sofre desse mal, uma vez que o modelo de atuação mira justamente os mais poderosos e os fortes economicamente – a saber, aqueles que mais degradam o meio ambiente, na busca pelo lucro de suas ações, em autoria mediata ou imediata.

É claro que as condutas de perigo abstrato podem ser cometidas por qualquer pessoa, independente da fortuna que possui, e os crimes ambientais seguem essa mesma lógica. Entretanto, por certo que as hipóteses ora ventiladas, ao menos em tese, são mais propícias para o enquadramento penal daqueles que utilizam as condutas proibidas para a exploração do meio ambiente visando ao lucro econômico, e não naqueles pequenos gestos poluidores, que, na maioria das vezes, não perfazem aos critérios exigidos para a tipificação penal sustentada.

Evidentemente, a concepção não fugirá da crítica daqueles que não acreditam na eficácia do Direito Penal em sua função de prevenir determinadas condutas, e que, em que pese reconhecer a nova faceta do Direito Penal como forma mais abrangente que visa aos poderosos da economia e da política, argumenta-se que, quanto mais Direito Penal, menos efeito se gera, temendo os efeitos colaterais contraproducentes da sua aplicação em áreas como a ecologia e a economia.[219]

Entretanto, tal concepção é altamente questionável. O Direito Penal é um norteador de condutas e pode servir como proteção aos bens jurídicos na sua faceta de prevenção, uma vez que a ameaça que impõe desestimula a prática delitiva, ao menos em uma análise *a priori*, ou, no mínimo, permite a atuação estatal em um momento anterior ao dano que não se quer. É certo que múltiplos fatores levam à descrença da função do Direito Penal e, dentre eles, destaca-se o equívoco na interpretação e na aplicação das leis, ou seja, em palavras diretas, a impunidade desconfigura o caráter impositivo da norma. Ademais, como bem pontua Figueiredo Dias, que se aparta, em linhas gerais, da via de afastamento do Direito Penal das

---

[219] PRITTWITZ, Cornelius. O Direito Penal entre o Direito Penal do risco e Direito Penal do inimigo: tendências atuais em Direito Penal e política criminal. *Revista Brasileira de Ciências Criminais*, São Paulo, n. 47, p. 41, mar./abr. 2004.

áreas de grande risco – especialmente na tutela ambiental, existem mais duas considerações pertinentes a serem feitas sobre o tema: (a) uma, "a de que tal via não parece reconhecer a indispensabilidade, neste nosso tempo pós-moderno, de superação dos dogmas da razão técnico-instrumental calculadora"; e (b) outra – com toda a cautela que a palavra, por vezes, mal interpretada sugere – seria de índole *moral*, no sentido de que "não valerá a pena, nem sequer será socialmente aceitável, o cultivo de um Direito Penal que, seja em nome de que princípios for", não se importe com o destino das gerações futuras e nada tenha a oferecer, ao menos no campo da tentativa válida, perante o (inegável) cenário de risco existencial que sobre elas recai.[220]

Há de se reconhecer, por outro lado, que a esfera penal não é o único caminho viável de proteção ao meio ambiente naquelas condutas denominadas como perigo abstrato. Poderá ser adotada uma postura mais conservadora para tratar das mesmas questões suscitadas, como se pretende, de certo modo, demonstrar nas linhas seguintes.

3.2. Sanções jurídicas (in)eficazes

Diante do debate lançado nas linhas anteriores, surge um campo aberto para a atuação do Direito Administrativo – em especial, o sancionador – para regular as condutas que, por falta de ofensividade, não podem ser consideradas como lícito-típicas, e que, tal como o modelo proposto por Kuhlen, têm a legitimação calcada na repetição das condutas sem o condão – pelo menos, diante da ordem constitucional vigente – de ser abarcadas pelo Direito Penal. A partir daí, nasce a possibilidade viável de vários campos do Direito atuarem conjuntamente a fim de evitar o dano ao meio ambiente – e uma das áreas melhor preparadas para exercer tal papel, inclusive o preventivo, é o Direito Administrativo.

Resume-se aqui o que se pretende desenvolver no cenário seguinte, evidenciando a integração de diversas áreas do Direito para a proteção ampla do meio ambiente, pois é natural que as áreas jurídicas, quando atuam isoladamente, apresentem lacunas que certamente dificultam o alcance do objetivo traçado, e contrariamente, quando complementares, podem simultaneamente suprir-se nas

---

[220] FIGUEIREDO DIAS, Jorge de. Direito Penal entre a "sociedade industrial" e a sociedade de risco. *Revista Brasileira de Ciências Criminais*, São Paulo, n. 33, p. 40-42, jan. 2001.

deficiências de atuação em relação a determinados tipos de comportamentos lesivos.

3.2.1. Sanções jurídico-administrativas

O Direito Administrativo aparece primeiramente na Europa, como ramo apartado do Direito Civil, em um conjunto de regras que estabelecem as diretrizes do relacionamento com a administração pública, com o objetivo de racionalizar o poder político,[221] cujo impulso está ligado às grandes revoluções do século XVIII.[222] Em verdade, em 1902, James Goldschmidt, em um escrito intitulado *Direito Penal Administrativo*, já centralizava as atenções na tarefa de delimitar as fronteiras entre o Direito Penal e o Direito Administrativo, o que desencadeou a oposição entre dano e benefício; assim, o dano ao bem jurídico protegido caracterizaria a intervenção legítima do Direito Penal, enquanto que "na ausência de um bem jurídico na posição de objeto protegido pela norma afastaria a possibilidade de reconhecer um ilícito penal, mas não de reconhecer outras formas de ilicitude de natureza não-penal (*sic*)"[223] ou, em outras palavras, um ilícito administrativo estabelecido não em virtude de algo danoso, mas sim em relação à não ocorrência de um resultado positivo.[224]

---

[221] OSÓRIO, Fábio Medina. *Direito Administrativo sancionador*. 2. ed. São Paulo: Revista dos Tribunais, 2005. p. 60.

[222] "A verdade é que, ao longo do tempo, principalmente no curso do século XIX, foi surgindo um regime jurídico especial para as Administrações Públicas. De um lado, as necessidades de gestão de interesses gerais faziam surgir aparentes privilégios à Administração, poderes públicos específicos que eram ignorados no campo de outros ramos jurídicos, dentre os quais se destacava o poder sancionador ou o poder de execução de seus próprios atos. De outro lado, diante da desconfiança ante o extraordinário desenvolvimento e aumento dos poderes da Administração Pública, foi surgindo uma série de sujeições e limites às suas atividades. Assim, foram a jurisprudência e a legislação, amparadas na doutrina, criando esse conjunto de regras especiais às quais deveriam submeter-se as ações administrativas. Esse sistema de normas e princípios acabou tornando-se o hoje conhecido Direito Administrativo dos modelos de influência civil law". Ibid., p. 61.

[223] D'AVILA, Fábio Roberto. Direito Penal e direito sancionador: sobre a identidade do Direito Penal em tempos de indiferença. *Revista Brasileira de Ciências Criminais*, São Paulo, n. 60, p. 13-14, maio-jun. 2006.

[224] D'Avila aprofunda a diferença entre a tutela penal e a administrativa, a partir da lição de James Goldschmidt, em sua obra Direito Penal Administrativo (1902), com as seguintes palavras: "Uma distinção suscetível de ser percebida a partir da noção de dano (*beeinträchtigung*) ao bem jurídico, enquanto fenômeno característico da juridicidade penal, a partir da ocorrência de um *dammum emergens* sofrido pelo bem jurídico enquanto objeto de proteção direta da norma de natureza penal. O *damnum emergens* consistiria em uma "insurreição de um portador de vontade contra a vontade geral" (*die Auflehnung eines Willensträger gegen den allgemeinen Willen*). Uma realidade em que teríamos, por um lado, um dano à "esfera de poder" (*Machtsphäre*) de

A distinção no aspecto qualitativo já não encontra o mesmo respaldo na doutrina, que se inclina para a diferenciação quantitativa, e não mais acredita ser possível um ponto de partida na distinção centrada na ofensa ao bem jurídico, para percorrer os caminhos do ilícito administrativo ou penal. Em verdade, a relação estaria situada num *plus-minus*, em que "uma infração marcada apenas por um conteúdo de culpabilidade e ilicitude mais suaves, quando em comparação com a infração criminal",[225] podendo ocorrer que o conteúdo seja o mesmo do âmbito penal, ou seja, apresente as características penais, mas de forma e proporção mais brandas. A peculiaridade da distinção entre o ilícito penal e administrativo, a partir do que foi comentado, estaria então na exposição do bem jurídico de menor valor ou, na realidade, em uma conduta menos prejudicial que pudesse ser censurada, de maneira mais branda, beirando a comodidade ou o descuido, ou ainda, em uma infração que, ao invés de caracterizar perigo concreto ao bem jurídico, preenchesse os requisitos pertinentes ao perigo abstrato ou aos atos preparatórios – e não à tentativa.[226]

Se aplicada à proteção do meio ambiente, sem as dificuldades intransponíveis do Direito Penal para os delitos cumulativos, a proposta de Kuhlen talvez pudesse se constituir uma forma de defesa eficaz da saúde ambiental, já que se passaria ao largo dos problemas levantados pela dogmática penal para criminalizar as condutas. Além do que, como para muitas correntes, a *criminalização* nem sempre alcança os efeitos projetados em virtude da falência do sistema carcerário aliada ao sistema de garantia (necessário) que

---

um outro portador de vontade, expressa juridicamente em um efetivo dano ao bem jurídico tutelado, e, por outro, a lesão à vontade geral representada pela própria norma. Ou ainda, de forma simples, duas precisas dimensões, uma formal e outra material, ofendidas simultaneamente através da violação conjunta tanto do preceito normativo, quanto do seu objeto de proteção. E somente aqui, na presença de um *damnum emergens*, é que poderíamos falar em um ilícito com dignidade penal. Em contrapartida, a ausência de um bem jurídico na posição de objeto diretamente protegido pela norma afastaria a possibilidade de reconhecer um ilícito penal, mas não de reconhecer outras formas de ilicitude de natureza não-penal ou, de forma mais precisa, um ilícito administrativo. Neste, ao invés de uma formulação normativa voltada à tutela de um certo "bem jurídico" (*Rechtsgut*), teríamos, isto sim, uma norma orientada à promoção de um valor despido de um portador de vontade, expresso, por Golschmidt, na noção de "bem público". Bem público que, diga-se, não consistiria em um "resultado", isto é, algo dado, mas sim em um simples objetivo, de modo que a sua oposição seria incapaz de representar um dano a algo dado – como se percebe no ilícito penal – mas apenas a omissão da promoção de um objetivo". D'AVILA, Fábio Roberto. Direito penal e direito sancionador: sobre a identidade do Direito Penal em tempos de indiferença. *Revista Brasileira de Ciências Criminais*, São Paulo, n. 60, p. 13-14, maio-jun. 2006.

[225] Ibid., p. 18-19.
[226] Ibid., p. 18.

prolonga – em muito – a resposta estatal, assim evitando que se trabalhe com políticas de prevenção, o Direito Administrativo sancionador representaria a resposta mais adequada a tais condutas – também para as que se caracterizam como perigo abstrato.

Dentre outras causas, é por isso que Hassemer chama de Direito Penal simbólico a tentativa de garantir o meio ambiente através do Direito Penal, pois, além de não servir à proteção efetiva dos bens jurídicos, serviria para atender às necessidades da classe política, que ficaria desobrigada de efetivamente implementar uma política pública eficaz de proteção ambiental, escudando-se na tipificação das condutas, como se o Direito Penal tivesse o poder de resolver as questões da degradação ambiental. De mais a mais, acalma a opinião pública, que não se dá conta de que os verdadeiros poluidores do meio ambiente nunca serão castigados.[227] Recomenda, então, regular as novas questões da sociedade *moderna* por um direito de intervenção – situado entre o Direito Penal e o Direito dos Ilícitos administrativos, entre o Direito Civil e o Direito Público – justamente para viabilizar normas materiais e processuais menos exigentes, bem como penalizações mais brandas que as previstas pelo Direito Penal.[228]

Em outra análise, na crítica oriunda da pena de Figueiredo Dias, quem quiser adotar uma postura acentuadamente conservadora, diante das várias vias que se mostram pertinentes para a ciência jurídica, defende a "necessidade de continuar a guardar para o Direito Penal o seu *âmbito clássico de tutela* e os seus critérios experimentados de aplicação". Isso não significa que "sejam 'surdos' ao ruído trazido pela emergência dos mega-riscos (*sic*) a que conduziu, e conduzirá potencialmente, no futuro, o modelo de desenvolvimento prosseguido pela sociedade industrial avançada".

O afastamento do Direito Penal para tratar a matéria está muito mais forjado na hipótese de entender ser o ramo do direito incapacitado para servir de instrumento de tutela desses riscos, assumindo-se uma postura em que nada se obteria de vantagem no campo da proteção dos bens jurídicos e muito se perderia na "prossecução de uma defesa efectiva e consistente dos direitos, liberdades e garantias das pessoas que constitui o patrimônio ideológico inalienável do Iluminismo penal". Logo, a conclusão lógica para os adeptos des-

---

[227] HASSEMER, Winfried. A preservação do ambiente através do Direito Penal. *Revista Brasileira de Ciências Criminais*, São Paulo, v. 6, n. 22, p. 33-34, abr. 1998.

[228] HASSEMER, Winfried. Características e crises do moderno Direito Penal. *Revista Síntese de Direito Penal e Processual Penal*, São Paulo, n. 18, p. 156, fev./mar, 2003.

sa corrente é, na mesma linha do que foi narrado, utilizar o Direito Administrativo – e eventualmente, outros meios de controle social – para evitar a catástrofe e para proteger as gerações futuras.[229]

Numa visão extremamente conservadora, portanto, o Direito Administrativo sancionador faria o papel de tutelar os *crimes* praticados contra o meio ambiente e enquadrados na hipótese de perigo abstrato, sejam aqueles cuja legitimação está centrada na acumulação – como prevê Lothar Kuhlen – sejam aqueles em que a legitimidade está calcada na ofensividade ao bem jurídico, ainda tida como fundamental para a intervenção penal, só que analisada a conduta em relação absoluta ao contexto para a qual foi inserida, numa situação em que, cotejado com a ação típica, permitirá a verificação da possibilidade – ou não – de dano ao bem jurídico protegido. Isso porque esta última hipótese também está enquadrada no *rol* dos crimes de perigo abstrato.

Isso não é, contudo, o que se pensa como mais adequado. É preciso, sim, que se adotem todos os meios jurídicos e legítimos para a proteção do meio ambiente – se possível, o quanto mais preventivo, melhor. Nessa senda, a utilidade do Direito Administrativo sancionador se mostra indispensável, mas somente para conglobar as condutas previstas na modalidade de legitimação pela acumulação – como foi proposto por Kuhlen – já que, desprovidas de ofensividade, não podem ser envoltas pelo Direito Penal. Quando a conduta se mostrar ofensiva ao bem jurídico dentro da análise que se faz em um contexto instável, mesmo que na modalidade de perigo abstrato, o Direito Penal é o mais indicado para a tutela do bem jurídico, pois a antecipação da etapa de punição não o deslegitima e ainda tem o efeito de reforçar para a comunidade o que se entende como proibido penalmente pelo direito.

3.2.2. Condutas não punitivas e incentivadoras de boas práticas

Na teia do Estado ambiental sustentável, em que o ente estatal passa a ser responsável pelo índice de bem-estar vivido, Freitas postula a necessidade de avançar em relação ao princípio do poluidor-pagador para também incentivar o não poluidor com políticas públicas premiais, com o fito de incentivar a preservação das re-

---

[229] FIGUEIREDO DIAS, Jorge de. Direito Penal entre a "sociedade industrial" e a sociedade de risco. *Revista Brasileira de Ciências Criminais*, São Paulo, n. 33, p. 40-42, jan. 2001.

servas naturais.[230] Essa reviravolta na forma de pensar – que não é nova – de certo modo, se contrapõe à ideia de que, ao Estado, como organismo que dita as Leis, cabe a função de árbitro no sentido de aplicar as sanções e as punições para aqueles que descumprem as normas editadas pelo pacto social.

Na trilha do que aponta Bobbio, "como consecuencia de la profunda transformación que há dado lugar em todas partes al Welfare State, los órganos públicos persiguen los nuevos fines propuestos a la acción del Estado mediante nuevas técnicas de control"[231] sociais, que são distintas das tradicionais, podendo ser considerados como pertencentes à história e à tradição da própria teoria geral do Direito. Isso porque, durante muito tempo e permanecendo, inclusive, nos dias atuais, dentro do ramo da teoria do Direito, predominantemente foi dada ênfase à função repressiva, mediante a emissão de atos proibitivos que, caso fossem descumpridos, geravam sanção, o que é (era) sinônimo de punição na linguagem jurídica, quando, em verdade, o próprio conceito de sanção, na literatura filosófica e sociológica, é utilizado para incluir, evidentemente, as consequências punitivas (negativas) que determinado ato praticado causa ao indivíduo, também agregando as possibilidades favoráveis que determinada conduta pode gerar, distinguindo-se, daí, as espécies de sanções em positivas e negativas.

No espectro de combinações, ainda que as normas negativas venham quase sempre acompanhadas de sanções punitivas e que as normas positivas se façam acompanhar, na maioria das vezes, por sanções positivas, não há nenhuma incompatibilidade em se admitir a junção de normas positivas com sanções negativas, ou

---

[230] FREITAS, Juarez. *Sustentabilidade*: direito ao futuro. 2. ed. Belo Horizonte: Fórum, 2012. p. 273.

[231] "No hay Duda de que esta innovación pone em crisis algunas de las más conocidas teorías tradicionales del Derecho que derivan de uma imagen extremamente simplificada del mismo. Me refiero em particular a la teoría que considera al Derecho exclusivamente desde el punto de vista de su función protectora y a la que lo considera exclusivamente desde el punto de vista de su función represiva. Es superfluo añadir que las dos teorias se encuentran superpuestas frecuentemente: el Derecho despliega la función de protección respecto a los atos lícitos (que pueden ser tanto actos permitidos como actos obligarorios) mediante la represión de los actos ilícitos. Um ejemplo clásico de la primera teoría es la que tine por progenitor a Christianus Thomasus, según la cual el Derecho se caracteriza por el hecho de obtener su próprio fin (que es esencialmente protector) a través de la emisión de mandatos negativos (prohibiciones); la segunda teoría, común a toda la corriente del positivismo jurídico desde Austin hasta Jhering y Kelsen, es aquella seguún la cual el Derecho obtiene su fin (que es esencialmente represivo) a través de la organización de sanciones negativas (el Derecho como aparato coactivo o Zawangsordnung)." BOBBIO, Norberto. *Contribución a la teoria del derecho*. Valencia: Fernando Torres, 1980. p. 367-368.

normas negativas com sanções positivas.[232] Assim sendo, no campo ambiental, nas condutas que refogem ao âmbito do Direito Penal – e que se deseja que não aconteçam – tem-se a seara aberta para o estímulo e o incentivo de boas práticas cuja consequência, no campo secundário da norma, é prever vantagem para quem se comportar dentro das expectativas criadas pelo Estado, com ações que visam à preservação ambiental.

Em suma, se no modelo repressivo, prepondera a fórmula *se fazes o comportamento x, tenha como consequência (negativa y)*, nas sanções positivas há uma inversão da relação direito-dever e sancionador-sancionado para sancionado-sancionante, pois *se fazes x, pode y*, ou seja, se recebe o direito de obter prêmio ou vantagem econômica. A (nova) concepção tem o amparo no Constitucionalismo Contemporâneo que, cada vez mais, insere nas Cartas Constitucionais desta quadra da história o verbo *promover*. À vista disso, o Direito não se limitaria como um todo, e na área ambiental, de forma específica, no corte necessário para a presente pesquisa, a tutelar as condutas impondo uma sanção negativa – que sempre simbolizou uma técnica de repressão, muitas vezes eficaz, em outras, não.

Ao contrário, naquelas condutas que, por ausência de ofensividade, por exemplo, não podem ser consideradas como tipicamente penais – como é o caso da proposta original de Kuhlen – o desestímulo para a prática das pequenas *infrações* poderia estar atrelado à possibilidade de, em se evitando ou se adotando o procedimento padrão previsto pelo Estado para evitar a degradação ambiental, as empresas ou os indivíduos seriam premiados pela conduta, na inserção de sanções positivas, como forma de estímulo para a boa prática social – e, de certa forma, útil ao meio ambiente. Esse é um dos papéis do Direito para Bobbio, que vê como exigência dos Estados, neste período histórico, a necessidade de suas teorias ampliarem os seus espectros para não mais somente prever normas com sanções negativas, e sim, nas práticas inovadoras voltadas às sanções positivas que dão vida a uma técnica de estimulação e de propulsão de atos úteis socialmente,[233] que apresenta inegável vantagem acerca da tese de se restar restrito à punição de atos nocivos.

---

[232] BOBBIO, Norberto. *Contribución a la teoria del derecho*. Valencia: Fernando Torres, 1980. p. 370-371.
[233] Ibid., p. 384.

Exemplificando, retoma-se o caso pioneiro da teoria de Kuhlen,[234] baseado na ação de pequenas propriedades suinocultoras que lançavam dejetos na água em quantidade um pouco acima do permitido pelas regras administrativas, acarretando *potencial* perigo de dano na qualidade da água, a partir da soma de todos os poluentes despejados pelas propriedades pela lógica da acumulação, ao invés de se enquadrar na conduta na esfera penal, o que, para tanto, falta-lhe ofensividade, o Estado poderia então prever sanções positivas para aqueles que criassem condições para se livrar dos dejetos dos suínos sem poluir as águas do rio (mesmo com representatividade insignificante em termos de ofensa ao bem jurídico), criando assim manifesta vantagem para aqueles que adotassem a conduta esperada pela coletividade e, ao mesmo tempo, incentivando a não poluição do meio ambiente.

---

[234] OLIVEIRA, Ana Carolina Carlos de. A tutela (não) penal dos delitos por acumulação. *Revista Liberdades*, São Paulo, n. 14, p. 28, set./dez. 2013.

4. Considerações finais

A exploração dos recursos naturais, por parte do homem, sem qualquer planejamento ou previsibilidade acerca das consequências naturais resultantes da alteração do equilíbrio do meio ambiente, deixou o planeta perto de um colapso. Todas as mudanças promovidas pela sociedade *pós-moderna* nas últimas décadas, a fim de aprimorar a conscientização sobre o problema ambiental e de ofertar maiores facilidades que efetivamente incrementem a qualidade de vida das pessoas, criaram para a realidade atual a situação de megarriscos inimagináveis, quando as condutas desenvolvimentistas iniciaram.

Aliás, a circunstância de se errar nas previsões é comum à espécie humana. Os filmes futuristas de tempos atrás, por exemplo, previam que, nos anos 2000, a civilização estaria viajando para o espaço, colonizando o planeta Marte, projetando-se em cápsulas de transporte e se locomovendo por meio de carros voadores para as suas residências totalmente automatizadas, enquanto que a internet, o *e-mail* e o computador transformado em telefone celular não estavam previstos. Importa salientar que esse novo modo de ver e de se viver o mundo não é contingencial ou passageiro, tendo em vista que efetivamente houve mudança na percepção da realidade – presente e futura – com a criação de uma consciência diferente na forma de se consumir produtos, transformando as relações interpessoais, gerando perda da fé no futuro – o que é fruto de expectativas frustradas – e quebrando o paradigma da modernidade, que sempre acreditou no progresso racional – e para melhor – do desenvolvimento humano.

Ademais, o fenômeno da globalização (que não é novo, é verdade) agora se encontra caminhando em conjunto com os também – e sempre existentes – riscos civilizatórios, numa combinação de percurso que potencializa as ameaças globais, porque, doravante, determinadas condutas humanas (e o trato da questão nuclear é uma delas) têm a capacidade de atingir o planeta inteiro. Nada mais será isolado ou reduzido a um único espaço, pois a globalização, como o nome já induz, ultrapassou as fronteiras dos Estados e, muitas vezes, a ordem e as necessidades mundiais superam as soberanias estatais, que hoje se encontram incapazes de resistir à lógica da *mão invisível* do mercado. Tais circunstâncias reforçam a massificação, e o ambiente de exploração dos recursos naturais, para atender às necessidades de uma humanidade – que não para de aumentar, populacionalmente falando, e de se desenvolver, tecnologicamente analisando e – que cresce em processo contínuo, porque, ao menos o que se mostra pela fotografia do presente e do passado recente, não há, no horizonte próximo, qualquer movimento com força suficiente para aplacar ou para impedir o progresso ao contrário a que a humanidade está submetida. Ao contrário, diz-se, pois, que o desejo da sociedade é *consumir* mais progresso e avanços nas diversas áreas, o que requer reforço da exploração ambiental.

Portanto, quando se pretende uma mudança comportamental no sentido da preservação de bens coletivos, especificamente em relação ao meio ambiente, conclui-se que não é crível deixar o Direito Penal alheio ao atual contexto fático. Evidentemente que não de forma isolada, ou exageradamente punitiva, ou apostando que o Direito Penal é capacitado para, com um toque de mágica, evitar os perigos/danos indesejados. Tampouco se ignora que diversos fatores criminológicos – e não somente o desejo individual de praticar determinadas condutas proibidas – possam influenciar as pessoas a cometerem fatos típicos. Pensar assim é consagrar um Direito Penal simbólico que acalma a pressão na classe política, mas em nada resolve, em termos práticos.

Contudo, parece claro que o Direito Penal desenvolvido a partir de sua base principiológica iluminista não está preparado para enfrentar os grandes riscos ambientais, por diversas razões. Uma delas é pelas características das condutas que são diversificadas no espaço e no tempo. Além disso, a sua concepção – pois era essa a realidade que se apresentava naquele momento – está voltada para ações individuais que produzem dano. As evoluções da ciência penal foram feitas ao longo do tempo, mas a raiz individual ainda permanece, e as dificuldades de proteção dos bens coletivos são inegáveis. Manter então o Direito Penal totalmente preso ao paradigma a que está – delegando ao Direito Administrativo toda e qualquer espécie de crimes de perigo abstrato – é atestar a própria incompetência para preencher o papel de proteção da geração presente e futura, fundada na imprescindibilidade de o meio ambiente sustentável ser protegido antes que o evento danoso aconteça.

Isso porque também é incontroverso que se vive em outros tempos, com outras demandas e com outras necessidades, e é para esta quadra da história que se pretendem as respostas penais adequadas do Estado. O Direito Penal não pode restar preso a todas as conquistas iluministas, em um medo de crescer maduramente, pois a estagnação é o seu próprio fim inglório, visto que, cada vez mais, estará alheio à realidade que o cerca. É preciso corresponder às expectativas de proteção ao bem jurídico ambiental, evitando-se o dano, chegando-se antes do prejuízo como sustentado largamente e mostrando que o meio ambiente faz parte, sim, das preocupações da ciência penal.

E, para tanto, a alternativa que se apresenta é a antecipação da tutela prevista na retomada da noção dos crimes de perigo – especialmente, na área de proteção ambiental – apostando-se em um direito preventivo. De que adianta – em termos ambientais, logicamente – penalizar os responsáveis pela poluição de um rio, se as águas já estão poluídas? Qual é o retorno para a natureza de se punir as fábricas que lançam produtos proibidos ao ar, se a camada de ozônio já parece com um queijo suíço? Para clarificar, não se está propugnando a desnecessidade de punição, em caso de crime de dano ambiental, o que continua sendo necessário por todos os efeitos penais tão conhecidos, e sim que, no que tange à catástrofe do meio ambiente, não é a pena criminal que irá reestabelecer o *status quo* após o dano ser produzido. É preciso viabilizar mecanismos que permitam a atuação antes do prejuízo, antecipando a intervenção estatal na proteção dos bens e permitindo ao Estado agir quando o perigo se apresenta e fomenta uma hipótese provável de dano.

Em melhores termos, não se pretende retirar da época iluminista e do desenvolvimento *garantista* todos os méritos de tornar o Direito Penal mais humano, mais seguro e mais proporcional, além de reconhecer todos os efeitos (positivos) na construção de princípios que regulam a aplicação da lei punitiva até os dias atuais, protegendo o cidadão contra os desmandos do Estado autoritário. Entretanto, para a preservação das mesmas conquistas, é preciso que se avance, se aprimore, se adapte ao tempo presente, se caminhe ao lado das necessidades da sociedade que pretende regular e, para tanto, a boa alternativa é fortificar, quando se está falando em crimes ambientais, a antecipação da tutela penal para abarcar como legítimos os crimes de perigo, quando houver suficientemente demonstrada a capacidade de resultar em dano ambiental.

Isso significa que se aproveitou, no curso do presente trabalho, a ideia de que somente podem ser objeto de lei incriminadora os tipos penais com dignidade constitucional. O conceito de bem jurídico (e sua consequente ofensa) permanece como critério importante para a averiguação do delito. Os crimes de perigo abstrato praticados contra o meio ambiente – que se sustentam como possíveis de ser imputados aos agentes – não desprezam os direitos e as garantias individuais constitucionais – frise-se mais uma vez. Ao contrário, valem-se delas para exigir, afastando-se da hipótese ventilada por Kuhlen, a ofensividade ao bem jurídico em uma possibilidade *ex ante* de perigo ao bem jurídico tutelado. É verdade que deixa de se considerar como imprescindível para a caracterização do delito o dano ao bem jurídico meio ambiente (é um crime de perigo abstrato!) porque, daí, a intervenção penal (tardia) somente ocorrerá após a deterioração ser realizada em desfavor do bem jurídico protegido. O Direito, inclusive o Penal, cada vez mais deve ser preventivo, obviamente dentro de critérios específicos e aceitos constitucionalmente para não se tornar um Direito Penal autoritário e violador de garantias individuais.

Em resumo, quando houver possibilidade da ocorrência do dano ambiental – que, por sua vez, vai coincidir com a possibilidade de conjunção de fatores contextuais concretos, com o bem jurídico *meio ambiente* sempre presente – é possível a criminalização em uma revitalização dos crimes de perigo abstrato. Isso significa que realmente o Direito Penal passa a se afastar, em alguns casos, dos crimes de dano e de proteção prioritária de bens individuais, para também se dedicar mais atentamente aos bens coletivos e aos crimes de perigo. Pode-se interpretar tal circunstância como uma expansão do Direito Penal, já que o espectro de criminalização aumenta quando se computam os crimes de perigo em comparação à situação de que só há crime quando houver dano. A matemática não permite dúvidas quanto a esse ponto, mas tal *ampliação* é feita de forma criteriosa e constitucionalmente legítima para os delitos de perigo contra o bem jurídico coletivo *meio ambiente*, como se pretendeu sustentar, ao longo de toda a dissertação.

Ocorre que, por outro ângulo, é também incontroverso – já que se falou anteriormente em expansão do Direito Penal – que a proposta de proteção criminal ao bem jurídico *meio ambiente* defendida como legítima pode também ser considerada como restritiva em relação ao que, durante muito tempo, se entendeu – e ainda se entende – sobre o que sejam os crimes de perigo abstrato. Isso porque, para boa parte da doutrina, ainda nos dias atuais, perigo abstrato é aquele em que a presunção é *juris et de jure*, o que significa que não precisa ser provado o perigo, pois a Lei se contenta com a simples prática da ação que se pressupõe perigosa, dispensando totalmente a sua verificação com a situação concreta. Em outras palavras, basta a adequação da conduta ao tipo penal para que a subsunção seja realizada com sucesso, independentemente da situação de se perquirir se o bem jurídico protegido entrou na esfera da ação da conduta. Com efeito, não foi esta a conclusão adotada, uma vez que é absolutamente incoerente, em nome da proteção ao bem jurídico, ter que se punir condutas que, eventualmente, não violam os bens jurídicos.

É por isso que, em comparação com o aventado anteriormente, pode-se considerar que os crimes contra o meio ambiente na forma de perigo abstrato considerados constitucionalmente legítimos, no curso do presente trabalho, restringem o espectro do Direito Penal, pois resta mais limitado em relação à visão de que, nas hipóteses tradicionais de perigo abstrato, trata-se de presunção absoluta de perigo prevista pelo Legislador. Mais especificamente, o que se postula está fundamentado na construção hermenêutico-filosófica a respeito do conceito *cuidado-de-perigo* e de a ofensividade configurar critério fundamental para a criminalização. Todavia, ela é analisada em uma perspectiva *ex ante* – e não *ex post* –, e a conduta é cotejada dentro do contexto concreto no qual foi produzida, levando em consideração a efetiva/concreta/atual possibilidade de prática por terceiros.

No que diz respeito à proposição de Kuhlen – qual seja, a penalização das pequenas condutas individuais e nocivas ao meio ambiente desprovidas de ofensividade se legitimaria pela possibilidade da prática por um grande número de pessoas, repercutida pela clássica expressão *e se todos assim fizessem*, tratando-se de uma hipótese de perigo abstrato sem a necessidade de se constatar a ofensa ao bem jurídico, tampouco analisadas dentro de um contexto concreto –, conclui-se que não há como incorporá-la ao Direito Penal. Trata-se de uma tentativa de punição penal de uma violação do dever, o que é inapropriado, e outras áreas jurídicas atuam, com mais legitimidade e eficácia, na regulamentação de tais comportamentos.

Metodologicamente, não há como sustentar coerentemente que exista limitação constitucional para a produção de leis pelo Legislador, que somente pode elaborar tipos penais que protejam bens jurídicos e, ao mesmo tempo, deixe de exigir, ao aplicar/interpretar os tipos criados à existência de ofensividade aos mesmos bens. Para esses casos (que, sem dúvida, devem ser evitados) calha a aplicação do Direito Administrativo sancionador ou a regulação por normas incentivadoras de boas práticas. Portanto, todos os ramos do Direito poderiam estar integrados na busca pela manutenção do desenvolvimento ambiental sustentável, abandonando-se a postura absolutamente conservadora que se posiciona contrariamente, e de forma sistemática, a qualquer tipo de tentativa de antecipação da tutela de proteção ao bem jurídico coletivo, para entender como possível e legítimo a atuação do Direito Penal, na modalidade de perigo abstrato, observando-se os critérios já expostos. E mantêm-se longe da esfera punitiva aquelas condutas que não preenchem os requisitos necessários para serem enquadradas como delitos, prestigiando as conquistas em relação aos direitos e às garantias fundamentais e constitucionais.

Em análise ao objetivo predeterminado à presente pesquisa, partindo-se do problema inicial baseado na interrogação sobre os chamados delitos cumulativos como forma de tutela penal (i)legítima ao meio ambiente em uma sociedade globalizada de risco, conclui-se pela impossibilidade de enquadramento penal desta primeira hipótese, mas reconhece-se uma variável interessante ao questionamento, com a peculiaridade imprescindível – diga-se de passagem – de ser constitucionalmente legítima, a partir da observância dos critérios expostos.

Referências

ABBOUD, Georges; CARNIO, Henrique Garbellini; OLIVEIRA, Rafael Tomaz de. *Introdução à teoria e à filosofia do direito*. São Paulo: Revista dos Tribunais, 2013.

ALAN, José Alexandre da Silva Zachia. *A corrupção e a tutela penal dos bens coletivos*. Porto Alegre: Sérgio Antônio Fabris, 2015.

ALEXY, Robert. Recht, Vernunft, Diskurs: Studien zur Rechtsphilosophie, apud DIAS, Augusto Silva. What if everybody did it? sobre a (in)capacidade de ressonância do Direito Penal à figura da acumulação. *Revista Portuguesa de Ciências Criminais*, Coimbra, ano 13, n. 3, p. 305-306, jul./set. 2003.

BARZOTTO, Luis Fernando. *O positivismo jurídico contemporâneo*: uma introdução a Kelsen, Ross e Hart. São Leopoldo: Editora Unisinos, 2004.

BAUMAN, Zigmunt. *Modernidade líquida*. Trad: Plínio Dentzien. Rio de Janeiro: Zahar, 2001.

——. *Diálogos*. Londres, 25 jul. 2011. Entrevista concedida ao Programa Fronteiras do Pensamento. Disponível em: <www.youtube.com/watch?v=POZcBNo-D4A>. Acesso em: 25 jun. 2014.

BAUMAN, Zygmunt. *Globalização*: as consequências humanas. Rio de Janeiro: Zahar, 1999.

BAUMER, Franklin. *O pensamento europeu moderno*. Trad. Manuela Alberty e Artur Morão. São Paulo: Hemus, 1983. v. 1.

BECK, Ulrich. *La sociedad del riesgo*: hacia uma nueva modernidad. Barcelona: Paidós, 1998.

——. *O que é globalização*: equívocos do globalismo: respostas à globalização. São Paulo: Paz e Terra, 1999.

——. *Sociedade de risco*: rumo a uma outra modernidade. Trad. Sebastião Nascimento. São Paulo: Editora 34, 2013.

——. World at risk: the new task of critical theory. Development and Society, [S.l.], v. 37, n. 1, p. 1-21June 2008, Disponível em: <http://isdpr.org/ isdpr/publication/journal/37-1/01.pdf>. Acesso em: 17 fev. 2014.

BITENCOURT, Cezar Roberto. *Manual de Direito Penal*. São Paulo: Saraiva, 2000. v. 1.

BOBBIO, Norberto. *Contribución a la teoria del derecho*. Valencia: Fernando Torres, 1980.

BRYSON, Bill. *Breve história de quase tudo*. Trad. Ivo Korytowski. São Paulo: Companhia das letras, 2005.

CALLEGARI, André Luis. *Teoria geral do delito e da imputação objetiva*. 3. ed. São Paulo: Atlas, 2014.

——; ANDRADE, Roberta Lofrano. Sociedade do risco e Direito Penal. In: CALLEGARI, André Luís (Org.). *Direito Penal e globalização*: sociedade do risco, imigração irregular e justiça restaurativa. Porto Alegre: Livraria do Advogado, 2011.

——; WERMUTH, Maiquel Ângelo Dezordi. *Sistema penal e política criminal*. Porto Alegre: Livraria do Advogado, 2010.

CANOTILHO, J. J. Gomes et al. *Comentários à Constituição do Brasil*. São Paulo: Saraiva, 2013.

CHEVALLIER, Jacques. *O Estado pós-moderno*. Trad. Marçal Justen Filho. Belo Horizonte: Fórum, 2009.

COSTA, José de Faria. *O perigo em Direito Penal*: contributo para a sua fundamentação e compreensão dogmáticas. Coimbra: Coimbra Editora, 1992.

──. *O perigo em Direito Penal*: contributo para a sua fundamentação e compreensão dogmáticas. Coimbra: Coimbra Editora, 2000.

CUTANDA, Blanca Lozano. *Derecho Ambiental Administrativo*. Madri: Dykinson, 2003.

D'ÁVILA, Fábio Roberto. O Ilícito Penal nos Crimes Ambientais. Algumas reflexões sobre a ofensa a bens jurídicos e os crimes de perigo abstrato no âmbito do Direito Penal Ambiental. *Revista do Ministério Público*, Porto Alegre, n. 75, p. 23-31, 2014.

──. *Ofensividade e crimes omissivos próprios* (contributo à compreensão do crime como ofensa ao bem jurídico). Coimbra: Coimbra Editora, 2005.

──. Direito Penal e direito sancionador: obre a identidade do Direito Penal em tempos de indiferença. *Revista Brasileira de Ciências Criminais*, São Paulo, n. 60, p. 9-26, maio/jun. 2006.

──. O ilícito penal nos crimes ambientais: algumas reflexões sobre a ofensa a bens jurídicos e os crimes de perigo abstrato no âmbito do Direito Penal Ambiental. *Revista do Ministério Público do Rio Grande do Sul*, Porto Alegre, n. 75, 2014. Edição especial.

DIAMOND, Jared. *Colapso*: como as sociedades escolhem o fracasso ou o sucesso. Tradução Alexandre Raposo. 5. ed. Rio de Janeiro: Record, 2007.

DIAS, Augusto Silva. *What if everybody did it?* sobre a (in)capacidade de ressonância do Direito Penal à figura da acumulação. *Revista Portuguesa de Ciências Criminais*. Coimbra, ano 13, n. 3, p. 305-313, jul./set. 2003.

DIEZ RIPOLLÉS, José Luiz. *La política criminal en la encrucijada*. Buenos Aires: Euros, 2007.

ESTOICISMO. In: WIKIPÉDIA: a enciclopédia livre. San Francisco, CA, 20 fev. 2014. Disponível em: <http:pt. wikipedia.org/wiki/Estoicismo>Acesso em: 20 fev. 2014.

FERRAJOLI, Luigi. Constitucionalismo principialista e constitucionalismo garantista. In: FERRAJOLI, Luigi; STRECK, Lenio Luiz; TRINDADE, André Karam (Org.). *Garantismo, hermenêutica e (neo)constitucionalismo um debate com Luigi Ferrajoli*. Porto Alegre: Livraria do Advogado, 2012.

FIGUEIREDO DIAS, Jorge de. *Direito Penal*: parte geral. Coimbra: Coimbra Editora, 2002. t. 1: Questões fundamentais a doutrina geral do crime.

──. Direito Penal entre a "sociedade industrial" e a sociedade de risco. *Revista Brasileira de Ciências Criminais*, São Paulo, n. 33, jan. 2001.

FREITAS, Juarez. *Sustentabilidade*: direito ao futuro. 2. ed. Belo Horizonte: Fórum, 2012.

GIDDENS, Anthony. *A política da mudança climática*. Tradução Vera Ribeiro. Rio de Janeiro: Zahar, 2010.

GIDDENS, Anthony. *As consequências da modernidade*. Trad. Raul Fiker. São Paulo: Editora Unesp, 1991.

GOMES, Luiz Flávio. Direito Penal tradicional versus "moderno e atual" Direito Penal. *Revista Brasileira de Ciências Criminais*, São Paulo, v. 11, n. 42, jan. 2003.

GONÇALVES, Marcel Figueiredo. Sobre a fundamentação dos delitos cumulativos: alguns questionamentos. *Revista de Estudos Criminais*, São Paulo, v. 10, n. 36, jan. 2010.

GUARDINI, Romano. *O fim da idade moderna*: em procura de uma orientação. Trad. M.S. Lourenço. Lisboa: Edições 70, 2000.

HABERMAS, Jurgen. *Direito e democracia entre facticidade e validade*. Trad. Flávio Beno Siebeneichler. Rio de Janeiro: Tempo Brasileiro, 1997. v. 1.

HASSEMER, Winfried. A preservação do ambiente através do Direito Penal. *Revista Brasileira de Ciências Criminais*, São Paulo, v. 6, n. 22, p. 28-34, abr. 1998.

──. Características e crises do moderno Direito Penal. *Revista Síntese de Direito Penal e Processual Penal*, São Paulo, n. 18, fev./mar. 2003.

──. *Direito Penal*: fundamentos, estruturas, política. Trad. Adriana Beckman Meirelles e outros. Porto Alegre: Sérgio Antônio Fabris, 2008.

HAWKING, Stephen; MLODINOW, Leonard. *Uma nova história do tempo*. Trad. Vera de Paula Assis. Rio de Janeiro: Ediouro, 2005.

HOBBES, Thomas. *Leviatã*. Trad. Alex Marins. São Paulo: Martin Claret, 2002.

HOOD, Christopher; ROTHSTEIN, Henry; BALDWIN, Robert. *El gobierno del riesgo*. Madrid: Ariel, 2006.

JAKOBS, Günter. *Tratado de Direito Penal*: teoria do injusto penal e culpabilidade. Trad. Gercélia Batista de Oliveira Mendes e Geraldo de Carvalho. Belo Horizonte: Del Rey, 2008.

KUHN, Thomas S. *A estrutura das revoluções científicas*. Trad. Beatriz Boeira e Nelson Boeira. São Paulo: Perspectiva, 2000.

LIMA, Moacir Costa de Araújo. *Afinal, quem somos* ? Porto Alegre: Editora AGE LTDA, 2007.

LIMA, Vinicius de Melo. O princípio da culpa e os delitos cumulativos. *Revista do Ministério Público*. Porto Alegre, n. 63, maio/set. 2009.

LIPOVETSKY, Gilles. *A era do vazio*: ensaios sobre o individualismo contemporâneo. Trad. Miguel Serras Pereira e Ana Luísa Faria. Lisboa: Gallimard, 1983.

———. *Os tempos hipermodernos*. Trad. Mário Vilela. São Paulo: Barcarolla, 2004.

LOSANO, Mário G. *Sistema e estrutura no direito*. 2. São Paulo: Martins Fontes, 2010. v. 2: O século XX.

MACHADO, Marta Rodriguez de Assis. *Sociedade do risco e Direito Penal*: uma avaliação de novas tendências político-criminais. São Paulo: Ibccrim, 2005.

MALARÉE, Hernán Hormazábal. Política penal en el estado democrático. In: BUSTOS RAMÍREZ, Juan José; BERGALLI, Roberto (Coord.). *El poder penal del Estado*: homenaje a Hilde Kaufmann. Buenos Aires: Depalma, 1985. p. 155-171.

MORAIS, José Luis Bolzan de. Globalização, direitos humanos e constituição. *Estudos Jurídicos*, São Leopoldo, v. 39, n. 2, p. 75, jul./dez. 2006.

MOREIRA, Alexandre Mussoi. *A transformação do Estado*: neoliberalismo, globalização e conceitos jurídicos. Porto Alegre: Livraria do Advogado, 2002.

OLIVEIRA, Ana Carolina Carlos de. A tutela (não) penal dos delitos por acumulação. *Revista Liberdades*, São Paulo, n. 14, set./dez. 2013.

OSÓRIO, Fábio Medina. *Direito Administrativo sancionador*. 2. ed. São Paulo: Revista dos Tribunais, 2005.

PASQUALOTTO, Adalberto de Souza. O Ministério Público e a tutela do meio ambiente. *Revista do Ministério Público*, São Paulo, n. 31, 1994.

PÉREZ LUNO, Antonio Henrique. *Perspectivas e tendências atuais do Estado constitucional*. Tradução José Luis Bolzan de Morais e Valéria Ribas do Nascimento. Porto Alegre: Livraria do Advogado, 2012.

PISA, Adriana. Direito Penal X Sociedade de risco de Ulrich Beck: uma abordagem crítica. *Revista de Direito Ambiental*, São Paulo, v. 54, abr. 2009.

PRADO, Luiz Regis. *Curso de Direito Penal brasileiro*. 9. ed. São Paulo: Revista dos Tribunais, 2010. v. 1.

PRITTWITZ, Cornelius. O Direito Penal entre o Direito Penal do risco e Direito Penal do inimigo: tendências atuais em Direito Penal e política criminal. *Revista Brasileira de Ciências Criminais*, São Paulo, n. 47, mar./abr. 2004.

RAMOS, Enrique Peñaranda; GONZÁLEZ, Carlos Suárez; MELIÁ, Manuel Cancio. *Um novo sistema do Direito Penal*: considerações sobre a teoria da imputação objetiva de Günter Jakobs. Trad. André Luís Callegari e Nereu José Giacomolli. 2. ed. Porto Alegre: Livraria do Advogado, 2013.

REIS, Marco Antonio Santos. *Uma contribuição à dogmática dos delitos de perigo abstrato*. [S.l.], 2014. p. 15-16. Disponível em: <http://www.e-publicacoes.uerj.br/index.php/rfduerj/article/viewfile/1361/1149>. Acesso em: 17 fev. 2014.

ROCHA, Leonel Severo; ATZ, Ana Paula. Positivismo. In: BARRETO, Vicente de Paula; CULLETON, Alfredo (Coord.). *Dicionário de filosofia política*. São Leopoldo: Editora Unisinos, 2010.

RODRIGUEZ, Laura Zúñiga. *Política criminal*. Madri: Colex, 2001.

ROXIN, Claus. *A proteção de bens jurídicos como função do Direito Penal*. Org. e Trad. André Luís Callegari e Nereu José Giacomolli. 2. ed. Porto Alegre: Livraria do Advogado, 2009.

——. *Derecho penal*: parte general. Trad. Diego-Manuel Luzón Peña e outros. Madri: Civitas, 2003. t. 1, Fundamentos: la estructura de la teoría del delito.

RUSCHE, Georg; KIRCHHEIMER, OTTO. *Punição e estrutura social*. Trad. Gizlene Neder. Rio de Janeiro: Revan, 2004.

SÁNCHEZ, Jesús-Maria Silva. *A expansão do Direito Penal*. Trad. Luiz Otavio de Oliveira Rocha. 2. ed. São Paulo: Revista dos Tribunais, 2002.

SANTOS, Boaventura de Souza. *Um discurso sobre as ciências*. 13. ed. Porto: Afrontamento, 1987.

SILVA, Pablo Rodrigo Alflen da. Aspectos críticos do Direito Penal na sociedade de risco. *Revista Brasileira de Ciências Criminais*, São Paulo, n. 46, jan./fev. 2004.

SOUZA, Susana Aires. Sociedade do risco: réquiem pelo bem jurídico? *Revista Brasileira de Ciências Criminais*, São Paulo, n. 86, set./out. 2010.

STRECK, Lenio Luiz. Aplicar a letra da lei é uma atitude positivista? *Revista Novos Estudos Jurídicos*, Itajaí, v. 15, n. 1, jan./abr. 2010.

——. Direito. In: BARRETO, Vicente de Paula; CULLETON, Alfredo (Coord.). *Dicionário de filosofia política*. São Leopoldo: Editora Unisinos, 2010.

——. Neoconstitucionalismo, positivismo e pós-positivismo. In: FERRAJOLI, Luigi; STRECK, Lenio Luiz; TRINDADE, André Karam (Org.). *Garantismo, hermenêutica e (neo)constitucionalismo um debate com Luigi Ferrajoli*. Porto Alegre: Livraria do Advogado, 2012.

——. *Verdade e consenso*: Constituição, hermenêutica e teorias discursivas. São Paulo: Saraiva, 2011.

——; Morais, José Luis Bolzan de. *Ciência política e teoria geral do Estado*. Porto Alegre: Livraria do Advogado, 2003.

TOLEDO, Francisco de Assis. *Princípios básicos de Direito Penal*. 5. ed. São Paulo: Saraiva, 1994.

VILLEY, Michel. *A formação do pensamento jurídico moderno*. Trad. Claudia Berliner. São Paulo: Martins Fontes, 2009.

WOHLER, Wolfgang. Teoria del bien jurídico y estructura del delito. Sobre los critérios de uma imputación justa. In: HEFENDEHL, Roland (Ed). *La teoria del bien jurídico*: fundamento de legitimación del derecho penal o juego de abalorios dogmático? Madri: Marcial Pons, 2006.

ZAFFARONI, Eugenio Raúl; PIERANGELI, José Henrique. *Manual de Direito Penal brasileiro*: parte geral. São Paulo: Revista dos Tribunais, 1997.

Impressão:
Evangraf
Rua Waldomiro Schapke, 77 - POA/RS
Fone: (51) 3336.2466 - (51) 3336.0422
E-mail: evangraf.adm@terra.com.br